I0119671

Wassily   Kandinsky

Über das Geistige in der Kunst

Insbesondere in der Malerei

Wassily Kandinsky

Über das Geistige in der Kunst
Insbesondere in der Malerei

ISBN/EAN: 9783337359478

Hergestellt in Europa, USA, Kanada, Australien, Japan

Cover: Foto ©Thomas Meinert / pixelio.de

Weitere Bücher finden Sie auf **www.hansebooks.com**

KANDINSKY

ÜBER DAS GEISTIGE IN DER KUNST

DRITTE AUFLAGE

KANDINSKY

ÜBER DAS GEISTIGE IN DER KUNST

INSBESONDERE IN DER MALEREI

MIT ACHT TAFELN
UND ZEHN ORIGINALHOLZSCHNITTEN

DRITTE AUFLAGE

MÜNCHEN 1912
R. PIPER & CO., VERLAG

KANDINSKY

ÜBER DAS GEISTIGE

IN DER KUNST

INSBESONDERE IN DER MALEREI

MIT ACHT TAFELN

UND ZEHN ORIGINALHOLZSCHNITTEN

DRITTE AUFLAGE

MÜNCHEN 1912

R. PIPER & CO., VERLAG

DEM ANDENKEN AN

ELISABETH TICHEJEFF

GEWIDMET

VORWORT ZUR ERSTEN AUFLAGE

Die Gedanken, die ich hier entwickle, sind Resultate von Beobachtungen und Gefühlserfahrungen, die sich allmählich im Laufe der letzten fünf bis sechs Jahre sammelten. Ich wollte ein größeres Buch über dieses Thema schreiben, wozu viele Experimente auf dem Gebiete des Gefühls gemacht werden müßten. Durch andere auch wichtige Arbeiten in Anspruch genommen, mußte ich fürs nächste auf den ersten Plan verzichten. Vielleicht komme ich nie zur Ausführung desselben. Ein anderer wird es erschöpfender und besser machen, da in der Sache eine Notwendigkeit liegt. Ich bin also gezwungen, in den Grenzen eines einfachen Schemas zu bleiben und mich mit der Weisung auf das große Problem zu begnügen. Ich werde mich glücklich schätzen, wenn diese Weisung nicht im Leeren verhallt.

VORWORT ZUR ZWEITEN AUFLAGE

Dieses kleine Buch war im Jahre 1910 geschrieben. Vor dem Erscheinen der ersten Auflage (Januar 1912) habe ich weitere Erfahrungen der Zwischenzeit eingeschoben. Seitdem ist wieder ein halbes Jahr vergangen und manches sehe ich heute freier, mit weiterem Horizont. Nach reiflicher Überlegung habe ich von Ergänzungen abgesehen, da sie noch ungleichmäßig nur manche Teile präzisieren würden. Ich entschloß mich, das neue Material zu schon seit einigen Jahren sich sammelnden scharfkantigen Beobachtungen und Erfahrungen aufzuhäufen, die als einzelne Teile einer Art „Harmonielehre in der Malerei" vielleicht mit der Zeit die natürliche Fortsetzung dieses Buches bilden werden. So blieb die Gestalt dieser Schrift in der zweiten Auflage, die sehr schnell auf die erste folgen mußte, beinahe ganz unberührt. Ein Bruchstück der weiteren Entwicklung (resp. Ergänzung) ist mein Artikel „Über die Formfrage" im „Blauen Reiter".

M ü n c h e n, im April 1912.

KANDINSKY

A.

ALLGEMEINES

I.

EINLEITUNG

Jedes Kunstwerk ist Kind seiner Zeit, oft ist es Mutter unserer Gefühle.

So bringt jede Kulturperiode eine eigene Kunst zustande, die nicht mehr wiederholt werden kann. Eine Bestrebung, vergangene Kunstprinzipien zu beleben, kann höchstens Kunstwerke zur Folge haben, die einem totgeborenen Kinde gleichen. Wir können z. B. unmöglich wie alte Griechen fühlen und innerlich leben. So können auch die Anstrengungen, z. B. in der Plastik die griechischen Prinzipien anzuwenden, nur den griechischen ähnliche Formen schaffen, wobei das Werk seelenlos bleibt für alle Zeiten. Eine derartige Nachahmung gleicht den Nachahmungen der Affen. Äußerlich sind die Bewegungen des Affen den menschlichen vollständig gleich. Der Affe sitzt und hält ein Buch vor die Nase, blättert darin, macht ein bedenkliches Gesicht, aber der innere Sinn dieser Bewegungen fehlt vollständig.

Es gibt aber eine andere äußere Ähnlichkeit der Kunstformen, der eine große Notwendigkeit zugrunde liegt. Die Ähnlichkeit der i n n e r e n Bestrebungen in der ganzen moralisch-geistigen Atmosphäre, das Streben zu Zielen, die im Hauptgrunde schon verfolgt, aber später vergessen wurden, also die Ähnlichkeit der inneren Stimmung einer ganzen Periode kann logisch zur Anwendung der Formen führen, die erfolgreich in einer vergangenen Periode denselben Bestrebungen dienten. So entstand teilweise unsere Sympathie, unser Verständnis, unsere innere Verwandtschaft mit den Primitiven. Ebenso wie wir, suchten diese reinen Künstler nur das Innerlich-Wesentliche in ihren Werken zu bringen, wobei der Verzicht auf äußerliche Zufälligkeit von selbst entstand.

Dieser wichtige innere Berührungspunkt ist aber bei seiner ganzen Wichtigkeit doch nur ein Punkt. Unsere Seele, die nach der langen materialistischen Periode erst im Anfang des Erwachens ist, birgt in sich Keime der Verzweiflung des Nichtglaubens, des Ziel- und Zwecklosen. Der ganze Alpdruck der materialistischen Anschauungen, welche aus dem Leben des Weltalls ein böses zweckloses Spiel gemacht haben, ist noch nicht vorbei. Die erwachende Seele ist noch stark unter dem Eindruck dieses Alpdruckes. Nur ein schwaches Licht dämmert wie ein winziges Pünktchen in einem enormen Kreis des Schwarzen. Dieses schwache Licht ist bloß eine Ahnung, welches zu sehen die Seele keinen vollen Mut hat, im Zweifel, ob nicht dieses Licht—der Traum ist, und der Kreis des Schwarzen—die Wirklichkeit. Dieser Zweifel und die noch drückenden Leiden der materialistischen Philosophie unterscheiden stark unsere Seele von der der „Primitiven". In unserer Seele ist ein Sprung und sie klingt, wenn man es erreicht sie zu berühren, wie eine kostbare in den Tiefen der Erde wiedergefundene Vase, die einen Sprung hat. Deswegen kann der Zug ins Primitive, wie wir ihn momentan erleben, in der gegenwärtigen ziemlich entliehenen Form nur von kurzer Dauer sein.

Diese zwei Ähnlichkeiten neuer Kunst mit Formen vergangener Perioden sind, wie leicht zu sehen ist, diametral verschieden. Die erste ist äußerlich und hat deswegen keine Zukunft. Die zweite ist innerlich und birgt deswegen den Keim der Zukunft in sich. Nach der Periode der materialistischen Versuchung, welcher die Seele scheinbar unterlag und welche sie doch als eine böse Versuchung abschüttelt, kommt die Seele, durch Kampf und Leiden verfeinert, empor. Gröbere Gefühle, wie Angst, Freude, Trauer usw., welche auch zu dieser Versuchungsperiode als Inhalt der Kunst dienen könnten, werden den Künstler wenig anziehen. Er wird suchen, feinere Gefühle, die jetzt namenlos sind, zu erwecken. Er lebt selbst ein kompliziertes, verhältnismäßig feines Leben, und das aus ihm entsprungene Werk wird unbedingt dem Zuschauer, welcher dazu fähig ist, feinere Emotionen verursachen, die mit unseren Worten nicht zu fassen sind.

Der Zuschauer heutzutage ist aber selten zu solchen Vibrationen fähig. Er sucht im Kunstwerk entweder eine reine Naturnachahmung, die praktischen Zwecken dienen kann (Porträt im gewöhnlichen Sinne u. dgl.), oder eine Naturnachahmung, die eine gewisse Interpretation enthält, „impressionistische" Malerei, oder endlich in Naturformen verkleidete Seelenzustände (was man Stimmung nennt)[1]. Alle diese Formen, wenn sie wirklich künstlerisch sind, erfüllen ihren Zweck und bilden (auch im ersten Falle) geistige Nahrung, besonders aber in dem dritten Falle, wo der Zuschauer einen Mitklang seiner Seele findet. Freilich kann also ein derartiger Mit- (oder auch Wider-) Klang nicht leer oder oberflächlich bleiben, sondern die „Stimmung" des Werkes kann die Stimmung des

Zuschauers noch vertiefen—und verklären. Jedenfalls halten solche Werke die Seele von der Vergröberung ab. Sie erhalten sie auf einer gewissen Höhe, wie der Stimmschlüssel die Saiten eines Instrumentes. Aber Verfeinerung und Ausdehnung in Zeit und Raum dieses Klanges bleibt doch einseitig und erschöpft die mögliche Wirkung der Kunst nicht.

Ein großes, sehr großes, kleineres oder mittelgroßes Gebäude in verschiedene Räume geteilt. Alle Wände der Räume mit kleinen, großen, mittleren Leinwändern behängt. Oft mehrere Tausende von Leinwändern. Darauf durch Anwendung der Farbe Stücke „Natur" gegeben:

Tiere in Licht und Schatten, Wasser trinkend, am Wasser stehend, im Grase liegend, daneben eine Kreuzigung Christi, von einem Künstler dargestellt, welcher an Christus nicht glaubt, Blumen, menschliche Figuren sitzend, stehend, gehend, auch oft nackt, viele nackte Frauen (oft in Verkürzung von hinten gesehen), Äpfel und silberne Schüsseln, Porträt des Geheimrats N, Abendsonne, Dame in Rosa, fliegende Enten, Porträt der Baronin X, fliegende Gänse, Dame in Weiß, Kälber im Schatten mit grellgelben Sonnenflecken, Porträt Exzellenz Y, Dame in Grün. Dieses alles ist sorgfältig in einem Buch gedruckt: Namen der Künstler, Namen der Bilder. Menschen haben diese Bücher in der Hand und gehen von einer Leinwand zur andern und blättern und lesen die Namen. Dann gehen sie fort, ebenso arm oder reich, wie sie eintraten und werden sofort von ihren Interessen, die gar nichts mit der Kunst zu tun haben, absorbiert. Warum waren sie da? In jedem Bild ist geheimnisvoll ein ganzes Leben eingeschlossen, ein ganzes Leben mit vielen Qualen, Zweifeln, Stunden der

Begeisterung und des Lichtes.

Wohin ist dieses Leben gerichtet? Wohin schreit die Seele des Künstlers, wenn auch sie in der Schaffung tätig war? Was will sie verkünden? „Licht in die Tiefe des menschlichen Herzens senden—Künstlers Beruf", sagt Schumann. „Ein Maler ist ein Mensch, welcher alles zeichnen und malen kann", sagt Tolstoi.

Von diesen zwei Definitionen der Tätigkeit des Künstlers müssen wir die zweite wählen, wenn wir an die eben beschriebene Ausstellung denken—mit mehr oder weniger Fertigkeit, Virtuosität und Brio entstehen auf der Leinwand Gegenstände, die zueinander in gröberer oder feinerer „Malerei" stehen. Die Harmonisierung des Ganzen auf der Leinwand ist der Weg, welcher zum Kunstwerk führt. Mit kalten Augen und gleichgültigem Gemüt wird dieses Werk beschaut. Die Kenner bewundern die „Mache" (so wie man einen Seiltänzer bewundert), genießen die „Malerei" (so wie man eine Pastete genießt).

Hungrige Seelen gehen hungrig ab.

Die große Menge schlendert durch die Säle und findet die Leinwänder „nett" und „großartig". Mensch, der was sagen könnte, hat zum Menschen nichts gesagt, und der, der hören könnte, hat nichts gehört.

Diesen Zustand der Kunst nennt man l'art pour l'art.

Dieses Vernichten der innerlichen Klänge, die der Farben Leben ist, dieses Zerstreuen der Kräfte des Künstlers ins Leere ist „Kunst für Kunst".

Für seine Geschicklichkeit, Erfindungs-und Empfindungskraft sucht sich der Künstler in materieller Form den Lohn. Sein Zweck wird Befriedigung des Ehrgeizes und der Habsucht. Statt einer vertieften gemeinsamen Arbeit der Künstler entsteht ein Kampf um diese Güter. Man klagt über zu große Konkurrenz und Überproduktion. Haß, Parteilichkeit, Vereinsmeierei, Eifersucht, Intriguen werden zur Folge dieser zweckberaubten, materialistischen Kunst[2].

Der Zuschauer wendet sich ruhig ab von dem Künstler, der in einer zweckberaubten Kunst den Zweck seines Lebens nicht sieht, sondern höhere Ziele vor sich hat.

„Ver stehen" ist Heranbildung des Zuschauers auf den Standpunkt des Künstlers. Oben wurde gesagt, daß die Kunst das Kind ihrer Zeit ist. Eine derartige Kunst kann nur das künstlerisch wiederholen, was schon die gegenwärtige Atmosphäre klar erfüllt. Diese Kunst, die keine Potenzen der Zukunft in sich birgt, die also nur das Kind der Zeit ist und nie zur Mutter der Zukunft heranwachsen wird, ist eine kastrierte Kunst. Sie ist von kurzer Dauer und stirbt moralisch in dem Augenblicke, wo die sie gebildet habende Atmosphäre sich ändert.

Die andere, zu weiteren Bildungen fähige Kunst wurzelt auch in ihrer geistigen Periode, ist aber zur selben Zeit nicht nur Echo derselben und Spiegel, sondern hat eine weckende pr o phetische Kr aft, die weit und tief wirken kann.

Das geistige Leben, zu dem auch die Kunst gehört und in dem sie eine der mächtigsten Agentien ist, ist eine komplizierte aber bestimmte und ins Einfache übersetzbare Bewegung vor- und aufwärts. Diese Bewegung ist die der Erkenntnis. Sie kann verschiedene Formen annehmen, im Grunde behält sie aber denselben inneren Sinn, Zweck.

In Dunkel gehüllt sind die Ursachen der Notwendigkeit, „im Schweiße des Angesichts", durch Leiden, Böses und Qualen sich vor- und aufwärts zu bewegen. Nachdem eine

Station erreicht ist und manche bösen Steine aus dem Wege geschafft sind, werden von einer üblen unsichtbaren Hand neue Blöcke auf den Weg geworfen, welche manchmal scheinbar diesen Weg gänzlich verschütten und unerkennbar machen.

Da kommt aber unfehlbar einer von uns Menschen, der in allem uns gleich ist, aber eine geheimnisvoll in ihn gepflanzte Kraft des „Sehens" in sich birgt.

Er sieht und zeigt. Dieser höheren Gabe, die ihm oft ein schweres Kreuz ist, möchte er sich manchmal entledigen. Er kann es aber nicht. Unter Spott und Haß zieht er die sich sträubende, in Steinen steckende schwere Karre der Menschheit mit sich immer vor- und aufwärts.

Oft ist schon lange nichts von seinem körperlichen Ich auf Erden geblieben, dann sucht man alle Mittel, dieses Körperliche aus Marmor, Eisen, Bronze, Stein in gigantesken Größen wiederzugeben. Als ob etwas läge an diesem Körperlichen bei solchen göttlichen Menschendienern und Märtyrern, die das Körperliche verachteten und nur dem Geistigen dienten. Jedenfalls ist dieses Heranziehen des Marmors ein Beweis, daß eine größere Menschenmenge zu dem Standpunkt angelangt ist, wo einst der jetzt Gefeierte stand.

━━

[1] Leider wurde auch dieses Wort, welches die dichterischen Bestrebungen einer lebendigen Künstlerseele zu bezeichnen hat, mißhandelt und schließlich verspottet. Gab es je ein großes Wort, welches die Menge nicht sofort zu entheiligen suchte?

[2] Die wenigen einzeln stehenden Ausnahmen zerstören dieses trostlose, verhängnisvolle Bild nicht, und auch diese Ausnahmen sind hauptsächlich Künstler, deren Credo das l'art pour l'art ist. Sie dienen also einem höheren Ideale, welches im ganzen ein zielloses Zerstreuen ihrer Kraft ist. Äußere Schönheit ist ein die geistige Atmosphäre bildendes Element.

Es hat aber außer der positiven Seite (da Schönes = Gutes ist) den Mangel des nicht erschöpfend ausgenützten Talentes — (Talent im Sinne des Evangeliums).

II.

DIE BEWEGUNG

Ein großes spitzes Dreieck in ungleiche Teile geteilt, mit der spitzesten, kleinsten Abteilung nach oben gewendet — ist das geistige Leben schematisch richtig dargestellt. Je mehr nach unten, desto größer, breiter, umfangreicher und höher werden die Abteilungen des Dreiecks.

Das ganze Dreieck bewegt sich langsam, kaum sichtbar

nach vor-und aufwärts, und wo „heute" die höchste Spitze war, ist „morgen"[1] die nächste Abteilung, d. h. was heute nur der obersten Spitze verständlich ist, was dem ganzen übrigen Dreieck eine unverständliche Faselei ist, wird morgen zum sinn- und gefühlvollen Inhalt des Lebens der zweiten Abteilung.

An der Spitze der obersten Spitze steht manchmal allein nur ein Mensch. Sein freudiges Sehen ist der inneren unermeßlichen Trauer gleich. Und die, die ihm am nächsten stehen, verstehen ihn nicht. Entrüstet nennen sie ihn: Schwindler oder Irrenhauskandidaten. So stand beschimpft zu seinen Lebzeiten auf der Höhe Beethoven allein[2]. Wie viele Jahre wurden gebraucht, bis eine größere Abteilung des Dreiecks an die Stelle gelangte, wo er einst einsam stand. Und trotz allen Denkmälern—sind denn wirklich viele bis an diese Stelle empor gestiegen[3]?

In allen Abteilungen des Dreiecks sind Künstler zu finden. Jeder von denselben, der über die Grenzen seiner Abteilung hinaufblicken kann, ist ein Prophet seiner Umgebung und hilft der Bewegung, der widerspenstigen Karre. Wenn er aber nicht dieses scharfe Auge besitzt, oder dasselbe aus niedren Zwecken und Gründen mißbraucht oder schließt, dann wird er von allen seinen Abteilungsgenossen völlig verstanden und gefeiert. Je größer diese Abteilung ist (also je tiefer sie gleichzeitig liegt), desto größer ist die Menge, der des Künstlers Rede verständlich ist. Es ist klar, daß eine jede solche Abteilung nach dem entsprechenden geistigen Brot bewußt oder (viel öfter) gänzlich unbewußt hungert. Dieses Brot wird ihr von ihren Künstlern gereicht und nach diesem Brot wird morgen schon die nächste Abteilung greifen.

Diese schematische Darstellung erschöpft freilich das ganze Bild des geistigen Lebens nicht. Unter anderem zeigt sie eine Schattenseite nicht, einen großen toten s c h w a r z e n F l e c k. Es geschieht eben zu oft, daß das erwähnte geistige Brot zur Nahrung manchen wird, die schon in einer höheren Abteilung leben. Für solche Esser wird dieses Brot zu Gift: in kleiner Dosis wirkt es so, daß die Seele aus einer höheren Abteilung in eine niedere allmählich sinkt; in großer Dosis genossen, bringt dieses Gift zu einem Sturz, welcher in immer tiefere und tiefere Abteilungen die Seele wirft. Sienkiewicz vergleicht in einem seiner Romane das geistige Leben mit Schwimmen: wer nicht unermüdlich arbeitet und mit dem Sinken fortwährend kämpft, der geht unfehlbar unter. Hier kann die Begabung eines Menschen, das „Talent" (im Sinne des Evangeliums) zum Fluch—nicht nur des dieses Talent tragenden Künstlers, sondern auch für alle diejenigen, werden, die von diesem giftigen Brot essen. Der Künstler braucht seine Kraft, um niederen Bedürfnissen zu schmeicheln; in einer angeblichen künstlerischen Form bringt er einen unreinen Inhalt, er zieht die schwachen Elemente an sich, vermengt sie ständig mit schlechten, betrügt die Menschen und hilft ihnen, sich zu betrügen, indem sie sich und andere überzeugen, daß sie geistigen Durst haben, daß sie von der reinen Quelle diesen geistigen Durst stillen. Derartige Werke verhelfen nicht der Bewegung nach aufwärts, sie hemmen sie, drängen das Vorwärtsstrebende zurück und verbreiten Pest um sich.

Solche Perioden, in welchen die Kunst keinen hochstehenden Vertreter hat, in welchen das verklärte Brot ausbleibt, sind P e r i o d e n d e s N i e d e r g a n g e s in der geistigen Welt. Unaufhörlich fallen Seelen aus höheren Abteilungen in tiefere, und das ganze Dreieck scheint unbeweglich zu stehen. Es scheint sich ab- und rückwärts zu bewegen. Die Menschen legen zu diesen stummen und blinden Zeiten einen besonderen ausschließlichen Wert auf äußerliche Erfolge, sie kümmern sich nur um materielle Güter und begrüßen einen technischen Fortschritt, welcher nur dem Leibe dient und dienen kann, als eine große Tat. Die rein geistigen Kräfte werden im besten Falle unterschätzt, sonst überhaupt nicht bemerkt.

Die vereinsamten Hungerer und Seher werden verspottet oder für geistig anormal gehalten. Die seltenen Seelen aber, die nicht in Schlaf gehüllt werden können und dunkles Verlangen nach geistigem Leben, Wissen und Vorschreiten fühlen, klingen im groben materiellen Chorus, trostlos und klagend. Die geistige Nacht sinkt allmählich tiefer und tiefer. Grauer und grauer wird es um solche erschrockene Seelen, und ihre Träger, von Zweifeln und Angst gepeinigt und entkräftet, ziehen oft diesem allmählichen Verdunkeln um sie den plötzlichen, gewaltsamen Sturz ins Schwarze vor.

Die Kunst, die zu solchen Zeiten ein erniedrigtes Leben führt, wird ausschließlich zu materiellen Zwecken gebraucht. Sie sucht ihren inhaltlichen Stoff in der h a r t e n M a t e r i e, da sie die feine nicht kennt. Die Gegenstände, die wiederzugeben sie für ihr einziges Ziel hält, bleiben unverändert dieselben. Das „Was" in der Kunst fällt eo ipso aus. Nur die Frage, „wie" derselbe körperliche Gegenstand zum Künstler wiedergegeben wird, bleibt allein da. Diese Frage wird zum „Credo". Die Kunst ist entseelt.

Auf diesem Wege „Wie" geht die Kunst weiter. Sie spezialisiert sich, wird nur den Künstlern selbst verständlich, die über Indifferenz des Zuschauers zu ihren Werken zu klagen anfangen. Da der Künstler durchschnittlich zu solchen Zeiten nicht viel sagen braucht und schon durch ein geringes „Anders" bemerkt wird und von gewissen Häufchen Mäzenen und Kunstkennern dadurch hervorgehoben wird (was weiter eventuell große materielle Güter mitbringt!), so stürzt sich eine große Menge äußerlich begabter, gewandter Menschen auf die Kunst, die scheinbar so einfach zu erobern ist. In jedem „Kunstzentrum" leben Tausende und Abertausende solcher Künstler, von denen die Mehrzahl nur nach neuer Manier sucht und ohne Begeisterung mit kaltem Herzen, schlafender Seele Millionen von Kunstwerken schafft.

Die „Konkurrenz" nimmt zu. Das wilde Jagen nach Erfolg macht die Suche immer äußerlicher. Kleine Gruppen, die sich zufällig aus diesem Künstler- und Bilderchaos durchgearbeitet haben, verschanzen sich in ihren eroberten Stätten. Das zurückgebliebene Publikum schaut verständnislos zu, verliert das Interesse für eine derartige Kunst und dreht ihr ruhig den Rücken.

Aber trotz aller Verblendung, trotz diesem Chaos und dem wilden Jagen bewegt sich in Wirklichkeit langsam, aber sicher, mit unüberwindlicher Kraft das geistige Dreieck vor- und aufwärts.

Der unsichtbare Moses kommt vom Berge, sieht den Tanz um das goldene Kalb. Aber doch bringt er eine neue Weisheit mit sich zu den Menschen.

Seine für Massen unhörbare Sprache wird zuerst doch vom Künstler gehört. Erst unbewußt für sich selbst nicht bemerklich, folgt er dem Rufe. Schon in derselben Frage „Wie" liegt ein verborgener Kern der Genesung. Wenn dieses „Wie" auch im großen und ganzen fruchtlos bleibt, so ist doch im selben „Anders" (was wir auch noch heute „Persönlichkeit" nennen) eine Möglichkeit vorhanden, nicht das rein harte Materielle allein am Gegenstande zu sehen, sondern auch noch das, was weniger körperlich als der Gegenstand der realistischen Periode ist, den man allein und „so wie er ist", „ohne zu phantasieren" wiederzugeben versuchte[4].

Wenn weiter dieses „Wie" auch die Seelenemotion des

Künstlers einschließt und fähig ist, sein feineres Erlebnis auszuströmen, so stellt sich schon die Kunst an die Schwelle des Weges, auf welchem sie später unfehlbar das verlorne „Was" wiederfindet, das „Was", welches das geistige Brot des jetzt beginnenden geistigen Erwachens bilden wird. Dieses „Was" wird nicht mehr das materielle, gegenständliche „Was" der hintengebliebenen Periode sein, sondern ein k ü n s t l e r i s c h e r I n h a l t, die Seele der Kunst, ohne welche ihr Körper (das „Wie") nie ein volles gesundes Leben führen kann, ebenso wie der einzelne Mensch oder ein Volk.

Mosaik in S. Vitale

Dieses Was ist der Inhalt, welchen nur die Kunst in sich fassen kann, und welchen nur die Kunst zum klaren Ausdruck bringen kann durch die nur ihr gehörenden Mittel.

[1] Dieses „Heute" und „Morgen" ist im Inneren den biblischen „Tagen" der Schöpfung ähnlich.

[2] Weber, der Komponist des „Freischütz", meinte von derselben (d. h. die VII. Symphonie Beethovens): „Nun haben die Extravaganzen dieses Genius das Nonplusultra erreicht; Beethoven ist nun ganz reif fürs Irrenhaus." Bei der spannenden Stelle zu Beginn des ersten Satzes auf pochendem „e" rief Abbé Stadler, als er sie zum ersten Male hörte, einem Nachbar zu: „Es kommt immer noch das—„e"— es fällt ihm eb'n nix ein, dem talentlosen Kerl!" („Beethoven" von August Göllerich, siehe S. 1 in der Serie „Die Musik", herausgegeben von R. Strauß.)

[3] Sind nicht manche Denkmäler eine traurige Antwort auf diese Frage?

[4] Es ist hier oft die Rede vom Materiellen und Nichtmateriellen und von den Zwischenzuständen, die „mehr oder weniger" materiell bezeichnet werden. Ist alles Materie? Ist alles Geist? Können die Unterschiede, die wir zwischen Materie und Geist legen, nicht nur Abstufungen nur der Materie sein oder nur des Geistes? Der als Produkt das „Geistes" in positiver Wissenschaft bezeichnete Gedanke ist auch Materie, die aber nicht groben, sondern feinen Sinnen fühlbar ist. Was die körperliche Hand nicht betasten kann, ist das Geist? In dieser kleinen Schrift kann nicht darüber weiter geredet werden, und es genügt, wenn keine zu scharfen Grenzen gezogen werden.

III.

GEISTIGE WENDUNG

Das geistige Dreieck bewegt sich langsam nach vor- und aufwärts. Heute erreicht eine der untersten größten Abteilungen die ersten Schlagworte des materialistischen „Credo"—religiös führen ihre Einwohner verschiedene Titel. Sie heißen Juden, Katholiken, Protestanten usw. In Wirklichkeit sind sie Atheisten, was einige der Kühnsten oder Beschränktesten auch offen bekennen. Der „Himmel" ist entleert. „Gott ist gestorben". Politisch sind diese Einwohner Volksvertretungsanhänger oder Republikaner. Die Angst, den Abscheu und Haß, welchen sie gestern gegen diese politischen Ansichten hegten, haben sie heute auf die Anarchie übertragen, die sie nicht kennen und von welcher ihnen nur der schreckeinflößende Name bekannt ist. Ökonomisch sind diese Menschen—Sozialisten. Sie schärfen das Schwert der Gerechtigkeit, um der kapitalistischen Hydra den tödlichen Hieb zu versetzen und das Haupt des Übels abzuhauen.

Da diese Einwohner dieses großen Abteiles des Dreiecks nie selbständig zur Lösung einer Frage gekommen sind und stets in der menschlichen Karre durch sich selbst opfernde Mitmenschen, die stets hoch über ihnen standen, gezogen wurden, so wissen sie nichts von diesem Schieben, welches sie stets nur aus großer Entfernung beobachtet haben. Sie stellen sich deswegen das Schieben sehr leicht vor und glauben an einwandfreie Rezepte und an unfehlbar wirkende Mittel.

Die folgende tieferliegende Abteilung wird von der oben beschriebenen blindlings auf diese Höhe gezogen. Hält sie aber noch fest an der alten Stelle, sträubt sich vor Angst, ins Unbekannte zu geraten, um nicht betrogen zu werden.

Die höheren Abteilungen sind religiös nicht nur blind

atheistisch, sondern sie können ihre Gottlosigkeit durch fremde Worte begründen (z. B. Virchows eines Gelehrten nicht würdigen Satz: Ich habe viele Leichen seziert und nie dabei eine Seele entdeckt.) Politisch sind sie noch öfter Republikaner, kennen verschiedene parlamentarische Bräuche, lesen in den Zeitungen die politischen Leitartikel. Ökonomisch sind sie Sozialisten verschiedener Nuancen und können ihre „Überzeugungen" durch viele Zitate unterstützen. (Von Schweitzers „Emma", durch das „Eherne Gesetz" von Lasalle, zum Marxschen „Kapital" und noch viel weiter.)

In diesen höheren Abteilungen kommen allmählich noch andere Rubriken vor, die in den eben beschriebenen fehlten: Wissenschaft und Kunst, wozu auch Literatur und Musik gehören.

Wissenschaftlich sind diese Menschen Positivisten und anerkennen nur das, was gewogen, gemessen werden kann. Das übrige halten sie für denselben manchmal schädlichen Unsinn, für welchen sie gestern die heute „erwiesenen" Theorien hielten.

In der Kunst sind sie Naturalisten, wobei sie bis zu einer gewissen Grenze, die von anderen gezogen wurde und an die sie deswegen unerschütterlich glauben, Persönlichkeit, Individualität und Temperament des Künstlers anerkennen und auch schätzen.

In diesen höheren Abteilungen ist trotz der sichtbar großen Ordnung, Sicherheit und trotz den Prinzipien, die unfehlbar sind, jedoch eine versteckte A n g s t zu finden, eine Verwirrung, ein Wackeln und eine Unsicherheit, wie in den Köpfen der Passagiere eines großen, festen überseeischen Dampfers, wenn auf der hohen See bei in Nebeln verschwundenem festen Land sich schwarze Wolken sammeln und der düstere Wind das Wasser zu schwarzen Bergen auftürmt. Und dies ist dank ihrer Bildung. Sie wissen, daß der heute angebetete Gelehrte, Staatsmann, Künstler noch gestern ein ausgespotteter, keines ernsten Blickes würdiger Streber, Schwindler, Pfuscher war.

Und je höher in dem geistigen Dreieck, desto sichtbarer tritt mit ihren scharfen Kanten diese Angst, die Unsicherheit zutage. Erstens finden sich hier und da Augen, die auch selbst sehen können, Köpfe, die zu Zusammenstellungen fähig sind. Derartig begabte Menschen fragen sich: Wenn diese Weisheit von vorgestern durch diese von gestern und die letztere von der von heute umgeworfen wurde—kann es dann nicht auch irgendwie möglich sein, daß die von heute von der von morgen auch umgeschmissen wird. Und die Mutigsten von ihnen antworten: „Es liegt im Bereiche der Möglichkeiten."

Zweitens finden sich Augen, die das sehen können, was von der heutigen Wissenschaft „noch nicht erklärt" wurde. Derartige Menschen fragen sich: „Wird die Wissenschaft auf dem Wege, auf welchem sie schon lange sich bewegt, zur Lösung dieser Rätsel kommen? Und wenn sie dazu kommt, wird man sich auf ihre Antwort verlassen können?"

In diesen Abteilungen befinden sich auch professionelle Gelehrte, welche sich erinnern können, wie jetzt feststehende, von Akademien anerkannte Tatsachen von denselben Akademien im Anfang begrüßt wurden. Hier befinden sich auch Kunstgelehrte, die anerkennungsvolle tiefsinnige Bücher schreiben über die Kunst, die gestern unsinnig war. Durch diese Bücher nehmen sie die Schranken weg, über welche die Kunst ihren Sprung längst gemacht hat und stellen neue auf, die diesmal fest und für alle Zeiten auf dem neuen Platze bleiben sollen. Bei dieser Beschäftigung merken sie nicht, daß sie die Schranken nicht vor, sondern hinter der Kunst bauen. Wenn sie es morgen bemerken, so schreiben sie neue Bücher und verlegen geschwind ihre Schranken weiter. Und diese Beschäftigung wird so lange ohne Veränderung bleiben, bis eingesehen wird, daß das äußere Prinzip der Kunst nur für die Vergangenheit gelten kann und nie für die Zukunft. Es kann keine Theorie dieses Prinzips für den weiteren im Reiche des Nichtmateriellen liegenden Weg geben. Es kann sich materiell nicht kristallisieren das, was materiell noch nicht existiert. Der in das Reich von morgen führende Geist kann nur durch Gefühl (wozu das Talent des Künstlers die Bahn ist) erkannt werden. Die Theorie ist die Laterne, die die kristallisierten Formen des Gestern und des vor dem Gestern liegenden beleuchtet. (Siehe Weiteres darüber in Kap. VII. Theorie.)

Und wenn wir noch höher steigen, so sehen wir noch größere Verwirrung, wie in einer großen, fest nach allen architektonisch mathematischen Regeln gebauten Stadt, welche plötzlich von einer unermeßbaren Kraft geschüttelt wird. Die Menschen, die hier leben, leben wirklich in so einer geistigen Stadt, wo plötzlich solche Kräfte wirken, mit welchen die geistigen Architekten und Mathematiker nicht gerechnet haben. Hier ist ein Teil von der dicken Mauer wie ein Kartenhäuschen gefallen. Da liegt ein zum Himmel reichender, kolossaler, aus vielen spitzenartigen, aber „unsterblichen" geistigen Pfeilern gebauter Turm in Trümmern. Der alte vergessene Friedhof bebt. Alte vergessene Gräber öffnen sich, und vergessene Geister heben sich aus ihnen. Die so kunstvoll gezimmerte Sonne zeigt Flecken und verfinstert sich und wo ist der Ersatz zum Kampf mit der Finsternis?

In dieser Stadt leben auch taube Menschen, die fremde Weisheit betäubt hat, die keinen Sturz hören, die auch blind sind, da sie fremde Weisheit geblendet hat, und die sagen:

Unsere Sonne wird immer heller, und bald sehen wir die letzten Flecken verschwinden. Aber auch diese Menschen werden hören und sehen.

Und noch höher ist k e i n e A n g s t mehr zu finden. Da geht eine Arbeit, die kühn an den von den Menschen gestellten Pfeilern rüttelt. Hier finden wir auch professionelle Gelehrte, die die Materie wieder und wieder prüfen, die keine Angst haben, vor keiner Frage, und die endlich die Materie, auf welcher noch gestern alles ruhte und das ganze Weltall gestützt wurde, in Zweifel stellen. Die Theorie der Elektronen, d. h. der bewegten Elektrizität, die die Materie vollständig ersetzen soll, findet momentan kühne Konstruktoren, die hier und da über die Grenze der Vorsicht gehen und an der Eroberung der neuen wissenschaftlichen Burg zugrunde gehen, wie sich vergessende, sich den andern opfernde Soldaten bei dem verzweifelten Sturm einer hartnäckigen Festung. Aber—„es gibt keine Festung, die man nicht nehmen kann".

Andererseits vermehren sich oder werden nur öfter bekannt solche T a t s a c h e n, die die gestrige Wissenschaft mit dem gewohnten Wort „Schwindel" begrüßte. Sogar Zeitungen, diese größtenteils gehorsamsten Diener des Erfolgs und der Plebs, die den Handel mit „was ihr wollt" treiben, finden sich gezwungen, in manchen Fällen den ironischen Ton ihrer Berichte der „Wunder" zu beschränken und auch gar zu unterlassen. Verschiedene Gelehrte, unter welchen sich reinste Materialisten befanden, widmen ihre Kräfte der wissenschaftlichen Untersuchung der rätselhaften Tatsachen, die nicht mehr zu leugnen, nicht mehr zu verschweigen sind[1].

Andererseits endlich mehrt sich die Anzahl der Menschen, welche keine Hoffnung setzen auf die Methoden der materialistischen Wissenschaft in Fragen, die mit „Nichtmaterie" oder einer Materie zu tun haben, die unseren Sinnen nicht zugänglich sind. Und ebenso wie in der Kunst, welche bei den Primitiven Hilfe sucht, wenden sich diese Menschen halbvergessenen Zeiten zu mit ihren halbvergessenen Methoden, um da Hilfe zu finden. Diese Methoden sind aber noch lebendig bei Völkern, auf welche wir von der Höhe unserer Kenntnisse mitleidig und verächtlich zu schauen gewohnt waren.

Zu diesen Völkern gehören z. B. die Inder, welche von Zeit zu Zeit rätselhafte Tatsachen vor die Augen der Gelehrten unserer Kultur stellen, Tatsachen, die entweder nicht beachtet wurden oder welche man wie lästige Fliegen durch oberflächliche Erklärungen und Worte[2] zu scheuchen versuchte. Die Frau H. P. Blawatzky war wohl die erste, die nach langjährigen Aufenthalten in Indien ein festes Band zwischen diesen „Wilden" und unserer Kultur gebunden hat. Von hier ab beginnt in dieser Beziehung eine der größten geistigen Bewegungen, die heute eine große Anzahl von Menschen vereinigt und sogar eine materielle Form dieser geistigen Einigung in „Theosophischer Gesellschaft" gebildet hat. Diese Gesellschaft besteht aus Logen, die auf dem Wege der inneren Erkenntnis sich den Problemen des Geistes zu nähern versuchen. Ihre Methoden, die einen vollen Gegensatz zu den positiven bilden, sind im Ausgangspunkte dem schon Dagewesenen entliehen und werden wieder in eine verhältnismäßig präzise Form gebracht[3].

V. und H. Dünwegge. Kreuzigung Christi.

Die theosophische Theorie, die zum Grund dieser Bewegung dient, wurde von Blawatzky aufgestellt in einer katechismusartigen Form, wo der Schüler präzise Antworten des Theosophen auf seine Fragen bekommt[4]. Theosophie ist nach den Worten Blawatzkys gleichbedeutend mit e w i g w ä h r e n d e r W a h r h e i t (S. 248). „Ein neuer Sendbote der Wahrheit wird von der theosophischen Gesellschaft die Menschheit für seine Botschaft vorbereitet finden: es wird eine Ausdrucksform geben, in die er die neuen Wahrheiten wird kleiden können, eine Organisation, die in einer gewissen Beziehung seine Ankunft erwartet, um dann die materiellen Hindernisse und Schwierigkeiten von seinem Wege hinwegzuheben" (S. 250). Und da nimmt Blawatzky an, „daß im einundzwanzigsten Jahrhundert die Erde ein Himmel sein werde im Vergleich zu dem, was sie gegenwärtig ist"—damit schließt sie ihr Buch.

Und jedenfalls, wenn auch die Neigung der Theosophen zur

Schaffung einer Theorie, und die etwas voreilige Freude, bald Antwort auf die Stelle des ewigen immensen Fragezeichens stellen zu können, leicht den Beobachter etwas skeptisch stimmen kann, so bleibt doch die große, doch g e i s t i g e Bewegung da, welche in der geistigen Atmosphäre ein starkes Agens ist und die auch in dieser Form als Erlösungsklang zu manchem verzweifelten in Finsternis und Nacht gehüllten Herzen gelangen wird, doch erscheint damit eine Hand, die zeigt und Hilfe bietet.

———————————————

Wenn die Religion, Wissenschaft und Moral (die letzte durch die starke Hand Nietzsches) gerüttelt werden, und wenn die äußeren Stützen zu fallen drohen, wendet der Mensch seinen Blick von der Äußerlichkeit ab und s i c h   s e l b s t   z u.

Die Literatur, Musik und Kunst sind die ersten empfindlichsten Gebiete, wo sich diese geistige Wendung bemerkbar macht in realer Form. Diese Gebiete spiegeln das düstere Bild der Gegenwart sofort ab, sie erraten das Große, was erst als ein kleines Pünktchen nur von wenigen bemerkt wird und für die große Menge nicht existiert.

Sie spiegeln die große Finsternis, die erst kaum angedeutet hervor-tritt. Sie verfinstern sich selbst und verdüstern sich. Andererseits wenden sie sich ab von dem seelenberaubten Inhalt des gegenwärtigen Lebens und wenden sich zu Stoffen und Umgebungen, die freie Hand lassen dem nichtmateriellen Streben und Suchen der dürstenden Seele.

Einer von solchen Dichtern auf dem Gebiete der L i t e r a t u r ist Maeterlink. Er führte uns in die Welt, die man phantastisch oder richtiger übersinnlich nennt. Seine Princesse Maleine, Sept Princesses, Les Aveugles usw. usw. sind k e i n e   M e n s c h e n vergangener Zeiten, wie uns die

32

stilisierten Helden Shakespeares vorkommen. Es sind direkt Seelen, die in Nebeln suchen, von Nebeln erstickt zu werden bedroht sind, über welchen eine unsichtbare, düstere Macht schwebt. Die geistige Finsternis, Unsicherheit des Nichtwissens und die Angst vor demselben sind die Welt seiner Helden. So ist Maeterlink vielleicht einer der ersten Propheten, der ersten künstlerischen Berichterstatter und Hellseher des oben beschriebenen Niederganges. Die Verdüsterung der geistigen Atmosphäre, die zerstörende und gleichzeitig führende Hand, und die verzweifelte Angst vor ihr, der verlorene Weg, der vermißte Führer spiegeln sich deutlich in diesen Werken[5].

Diese Atmosphäre bildet er hauptsächlich durch reinkünstlerische Mittel, wobei die materiellen Mittel (düstere Burgen, Mondnächte, Sümpfe, Wind, Eulen usw.) eine mehr symbolische Rolle spielen und mehr als innerer Laut angewendet werden[6].

Das Hauptmittel von Maeterlink ist die Anwendung des Wortes.

Das Wort ist ein innerer Klang Dieser innere Klang entspringt teilweise (vielleicht hauptsächlich) dem Gegenstand, welchem das Wort zum Namen dient. Wenn aber der Gegenstand nicht selbst gesehen wird, sondern nur sein Name gehört wird, so entsteht im Kopfe des Hörers die abstrakte Vorstellung, der dematerialisierte Gegenstand, welcher im „Herzen" eine Vibration sofort hervorruft. So ist der grüne, gelbe, rote Baum auf der Wiese nur ein materieller Fall, eine zufällige materialisierte Form des Baumes, welchen wir in uns fühlen, wenn wir das Wort Baum hören. Geschickte Anwendung wendung (nach dichterischem Gefühl) eines Wortes, eine innerlich nötige Wiederholung desselben zweimal, dreimal, mehrere Male nacheinander, kann nicht nur zum Wachsen des inneren Klanges führen, sondern noch andere nicht geahnte geistige Eigenschaften des Wortes zutage bringen. Schließlich bei öfterer Wiederholung des Wortes (beliebtes Spiel der Jugend, welches später vergessen wird) verliert es den äußeren Sinn der Benennung. Ebenso wird sogar der abstrakt gewordene Sinn des bezeichneten Gegenstandes vergessen und nur der reine K l a n g des Wortes entblößt. Diesen „reinen" Klang hören wir vielleicht unbewußt auch im Zusammenklange mit dem realen oder später abstrakt gewordenen Gegenstande. Im letzten Falle aber tritt dieser reine Klang in den Vordergrund und übt einen direkten Druck auf die Seele aus. Die Seele kommt zu einer gegenstandslosen Vibration, die noch komplizierter, ich möchte sagen „übersinnlicher" ist, als eine Seelenerschütterung von einer Glocke, einer klingenden Saite, einem gefallenen Brette usw. Hier öffnen sich große Möglichkeiten für die Zukunftsliteratur. In embryonaler Form wird diese Kraft des Wortes, z. B. schon in den „Serres chaudes" angewendet. In Maeterlinks Anwendung klingt deswegen düster ein Wort, welches auf den ersten Eindruck neutral erscheint. Ein einfaches, gewohntes Wort (wie z. B. Haare) kann in richtig g e f ü h l t e r Anwendung die Atmosphäre von Trostlosigkeit, Verzweiflung verbreiten. Und dies ist das Mittel Maeterlinks. Er zeigt den Weg, auf welchem man bald sieht, daß Donner, Blitz und Mond hinter jagenden Wolken äußerliche materielle Mittel sind, welches auf der Bühne noch mehr wie in der Natur „dem schwarzen Mann" der Kinder gleichen. Wirkliche innere Mittel verlieren nicht so leicht ihre Kraft und Wirkung[7]. Und das W o r t, welches also zwei Bedeutungen hat—die erste direkte und zweite innere—, ist das reine Material der D i c h t u n g und der Literatur, das Material, welches nur diese Kunst anwenden kann, und durch welches sie zur Seele spricht.

Etwas Ähnliches tat in der M u s i k R. Wagner. Sein

berühmtes Leitmotiv ist ebenso eine Bestrebung, den Helden nicht nur durch theatralische Ausrüstungen, Schminken und Lichteffekte zu charakterisieren, sondern durch ein gewisses, präzises M o t i v, also durch ein rein m u s i k a l i s c h e s M i t t e l Dieses Motiv ist eine Art musikalisch ausgedrückter geistiger Atmosphäre, die dem Helden voraus-geht, die er also auf Entfernung geistig ausströmt[8].

Die modernsten Musiker, wie D e b u s s y, bringen g e i s t i g e Impressionen, die sie oft aus der Natur entnehmen und in rein musikalischer Form in geistige Bilder verwandeln. Gerade Debussy wird deswegen oft mit den Impressionisten-Malern verglichen, indem man behauptet, daß er diesen Malern gleich in großen persönlichen Zügen die Naturerscheinungen zum Zweck seiner Stücke macht. Die Wahrheit, die in dieser Behauptung liegt, ist nur ein Beispiel dafür, daß verschiedene Künste zu unserer Zeit beieinander lernen und in Zielen oft einander gleichen. Es wäre aber kühn zu behaupten, daß in der gebrachten Definierung Debussys Bedeutung erschöpfend dargestellt ist. Trotz dem Berührungspunkt mit den Impressionisten ist der Drang dieses Musikers zum inneren Inhalt dermaßen stark, daß man in seinen Werken sofort die gesprungen klingende Seele des Gegenwärtigen erkennt mit allen peinigenden Leiden und erschütterten Nerven. Und andererseits braucht Debussy auch in den „impressionistischen" Bildern nie eine ganze materielle Note, die das Charakteristische der Programmusik ist, sondern bleibt bei der Ausnützung des i n n e r e n Wertes der Erscheinung.

Einen großen Einfluß auf Debussy hat die russische Musik gehabt (Mussorgsky). So ist es nicht verwunderlich, daß er eine gewisse Verwandtschaft mit den jungen russischen Komponisten hat, zu welchen in erster Linie Skrjabin gerechnet werden muß. Es ist ein verwandter innerer Klang in den Kompositionen der beiden. Und derselbe Fehler verstimmt oft den Zuhörer. D. h. manchmal werden beide Komponisten ganz plötzlich aus dem Bereiche der „neuen" „Häßlichkeiten" herausgerissen und folgen dem Reize der mehr oder weniger konventionellen „Schönheit". Der Zuhörer fühlt sich oft im wirklichen Sinne beleidigt, da er wie ein Tennisball fortwährend über das Netz geschleudert wird, über das Netz, welches die zwei gegnerischen Parteien trennt: die Partei des äußeren „Schönen" und die des inneren „Schönen". Dieses innere Schöne ist das Schöne, welches mit Verzicht auf das gewohnte Schöne aus befehlender innerer Notwendigkeit angewendet wird. Dem nicht daran Gewöhnten erscheint n a t ü r l i c h dieses innere Schöne häßlich, da der Mensch im allgemeinen zum Äußeren neigt und nicht gerne die innere Notwendigkeit erkennt. (Und das ganz besonders heute!) Mit diesem vollen Verzicht auf das gewohnte Schöne, a l l e Mittel, die zum Zwecke der Selbstäußerung führen, heilig heißend, geht heute noch allein, nur von wenigen begeistert anerkannt, der Wiener Komponist Arnold Schönberg. Dieser „Reklamemacher", „Schwindler" und „Pfuscher" sagt in seiner Harmonielehre: „... jeder Zusammenklang, jede Fortschreitung ist möglich. Ich fühle aber bereits heute, daß es auch hier gewisse Bedingungen gibt, von denen es abhängt, ob ich diese oder jene Dissonanz verwende"[9].

Hier fühlt Schönberg genau, daß die größte Freiheit, welche die freie und unbedingte Atmungsluft der Kunst ist, nicht absolut sein kann. Jeder Epoche ist ein eigenes Maß dieser Freiheit gemessen. Und über die Grenzen d i e s e r Freiheit vermag die genialste Kraft nicht zu springen. Aber d i e s e s Maß muß jedenfalls erschöpft werden und wird jedesmal erschöpft. Es mag die widerspenstige Karre sich sträuben wie sie will! Diese Freiheit zu erschöpfen sucht auch

Schönberg, und auf dem Wege zum innerlich Notwendigen hat er schon Goldgruben der n e u e n S c h ö n h e i t entdeckt. Schönbergsche Musik führt uns in ein neues Reich ein, wo die musikalischen Erlebnisse keine akustischen sind, sondern r e i n s e e l i s c h e Hier beginnt die „Zukunftsmusik".

Nach den idealistischen Idealen kommen die diese ablösenden impressionistischen Bestrebungen in der M a l e r e i. Die letzteren enden in ihrer dogmatischen Form und rein naturalistischen Zielen in der Theorie des Neo-Impressionismus, welcher zur selben Zeit ins Abstrakte greift: Seine Theorie ist (eine von ihm als universal angesehene Methode), nicht das zufällige Stück Natur auf Leinwand zu fixieren, sondern die ganze Natur in ihrer Glanz-und Prachterscheinung zu bringen[10].

Dürer. Bew einung Christi.

▭

Ziemlich zur selben Zeit bemerken wir drei ganz andere
Erscheinungen: 1. Rosetti und seinen Schüler Burne-Jones
mit der Reihe ihrer Nachfolger, 2. Böcklin mit dem von ihm
entsprungenen Stuck und ihren Nachfolgern und 3.
Segantini, dem auch die formellen Nachahmer eine
nichtswürdige Schleppe bilden.

Gerade diese drei Namen wurden gewählt als Charakteristik

des Suchens auf nicht materiellen Gebieten. Rosetti wandte sich zu den Präraffaeliten und suchte ihre abstrakten Formen wieder zum Leben zu bringen. Böcklin ging auf das Gebiet des Mythologischen und des Märchenhaften, wobei er im Gegensatz zu Rosetti in stark entwickelte materielle körperliche Formen seine abstrakten Gestalten kleidete. Segantini, der in dieser Reihe äußerlich der materiellste ist, nahm ganz fertige Naturformen, die er manchmal ins kleinste durcharbeitete (z. B. Bergketten, auch Steine, Tiere usw.), und immer verstand er, trotz der sichtbar materiellen Form, abstrakte Gestalten zu schaffen, wodurch er innerlich vielleicht der unmateriellste dieser Reihe ist.

Das sind die Sucher des Inneren im Äußeren.

Auf eine andere Art, die den r e i n e n malerischen Mitteln näher steht, ging zu ähnlicher Aufgabe der Sucher des neuen Gesetzes der Form—C é z a n n e. Er verstand aus einer Teetasse ein beseeltes Wesen zu schaffen oder richtiger gesagt, in dieser Tasse ein Wesen zu erkennen. Er hebt die „nature morte" zu einer Höhe, wo die äußerlich „toten" Sachen innerlich lebendig werden. Er behandelt diese Sachen ebenso wie den Menschen, da er das innere Leben überall zu sehen begabt war. Er bringt sie zu farbigem Ausdruck, welcher eine i n n e r e m a l e r i s c h e N o t e bildet und preßt sie in die Form, welche zu abstrakt klingenden, Harmonie ausstrahlenden, oft mathematischen Formeln heraufgezogen werden. Nicht ein Mensch, nicht ein Apfel, nicht ein Baum werden dargestellt, sondern das alles wird von Cézanne gebraucht zur Bildung einer innerlich malerisch klingenden Sache, die Bild heißt. So nennt auch schließlich seine Werke einer der größten neuesten Franzosen—Henri M a t i s s e. Er malt „Bilder" und in diesen „Bildern" sucht er das „Göttliche" wiederzugeben[11]. Um dieses zu erreichen, braucht er keine anderen Mittel, als den Gegenstand (Mensch oder sonst etwas) als A u s g a n g s p u n k t und die der Malerei und nur ihr eigenen Mittel—F a r b e   u n d   F o r m

Durch rein persönliche Eigenschaften geleitet, als Franzose speziell und vorzüglich koloristisch begabt, legt Matisse Schwerpunkt und Übergewicht auf die Farbe. Ebenso wie Debussy kann er sich lange nicht immer von der gewohnten Schönheit befreien: der Impressionismus rollt ihm im Blut. So trifft man bei Matisse unter Bildern, die von großer innerer Lebendigkeit sind, von dem Zwange der inneren Notwendigkeit hervorgerufen, auch andere Bilder, die, hauptsächlich durch äußere Anregung, äußere Reize entstanden (wie oft denkt man da an Manet!), hauptsächlich oder ausschließlich nur das äußere Leben besitzen. Hier wird die spezifisch französische verfeinerte, gourmante, rein melodisch klingende Schönheit der Malerei auf eine über Wolken stehende kühle H ö h e gezogen.

Nie unterliegt d i e s e m Schönen der andere große Pariser, der Spanier Pablo P i c a s s o. Immer durch Selbstäußerungszwang geführt, oft stürmisch hingerissen, wirft sich Picasso von einem äußeren Mittel zum anderen. Wenn eine Kluft zwischen diesen Mitteln liegt, so macht Picasso einen tollen Sprung, und da steht er auf der anderen Seite zum Entsetzen seiner unmenschlich dichten Schar der Nachfolger. Gerade wähnten sie ihn erreicht zu haben. Nun muß wieder das mühsame Hinab und Hinauf beginnen. So entstand die letzte „französische" Bewegung des Cubismus, über welche im Teil II ausführlich gesprochen wird. Picasso sucht durch Zahlenverhältnisse das Konstruktive zu erreichen. In seinen letzten Werken (1911) kommt er auf logischem Wege zur Vernichtung des Materiellen, nicht aber durch Auflösung desselben, sondern durch eine Art Zerstückelung der einzelnen Teile und konstruktive Zerstreuung dieser Teile auf dem Bild. Dabei scheint er aber merkwürdigerweise den Schein des Materiellen beibehalten zu wollen. Picasso scheut vor keinem Mittel zurück, und wenn ihn die Farbe im Problem der rein zeichnerischen Form stört, so wirft er sie über Bord und malt ein Bild mit Braun und Weiß. Diese Probleme sind auch seine Hauptkraft. Matisse—Farbe. Picasso—Form. Zwei große Weisungen auf ein großes Ziel.

———

[1] Zöllner, Wagner, Butleroff-Petersburg, Crookes-London usw. Später Ch. Richet. C. Flammarion (sogar der Pariser „Matin" hat die Äußerungen des letzteren unter dem Titel „Je le constate, mais je ne l'explique pas" vor etwa zwei Jahren gebracht). Endlich C. Lombroso, der Schöpfer der anthropologischen Methode in der Frage des Verbrechens, geht mit Eusapia Palladino zu gründlichen spiritistischen Sitzungen über und anerkennt die Phänomene. Außer noch anderen Gelehrten, die auf eigene Faust sich solchen Studien widmen, bilden sich allmählich ganze wissenschaftliche Vereine und Gesellschaften, die dieselben Zwecke verfolgen (z. B. Société des Etudes psychiques in Paris, die sogar Berichtreisen in Frankreich veranstaltet, um das Publikum mit den von ihr erzielten Resultaten in einer durchaus objektiven Form bekannt zu machen).

[2] Sehr häufig wird in solchen Fällen das Wort Hypnose gebraucht, dieselbe Hypnose, welcher in ihrer ersten Form des Mesmerismus verschiedene Akademien verächtlich den Rücken kehrten.

[3] Siehe z. B. Dr. Steiners „Theosophie" und seine Artikel in „Lucifer-Gnosis" über Erkenntnispfade.

[4] H. P. Blawatzky: Der Schlüssel zur Theosophie. Leipzig, Max Altmann 1907. Das Buch erschien in englischer Sprache in London 1889.

[5] Zu solchen Hellsehern des Niederganges gehört in der ersten Linie auch Alfred Kubin. Mit unüberwindlicher Gewalt wird man in die schauerliche Atmosphäre der harten Leere hineingezogen. Diese Gewalt entströmt den Zeichnungen Kubins ebenso wie seinem Roman „Die andere Seite".

[6] Als in Petersburg unter Maeterlinks eigener Leitung einige von seinen Dramen aufgeführt wurden, ließ er selbst bei einer

Probe, um einen fehlenden Turm zu ersetzen, einfach ein Stück Leinwand hängen. Es war ihm nicht wichtig, eine fein nachgeahmte Kulisse verfertigen zu lassen. Er tat so wie die Kinder, die größten Phantasten aller Zeiten, immer in ihren Spielen tun, wenn sie einen Stock für ein Pferd ansehen oder aus bekannten Papierkrähen ganze Regimenter Kavallerie in ihrer Phantasie machen, wobei ein Kniff in der Krähe plötzlich aus einem Kavalleristen ein Roß bildet (Kügelgen: „Erinnerungen eines alten Mannes"). Dieser Zug zur Anregung der Phantasie des Zuschauers spielt im jetzigen Theater eine große Rolle. In dieser Beziehung hat besonders viel gearbeitet und erreicht die russische Bühne. Dies ist ein nötiger Übergang vom Materiellen zum Geistigen des Theaters der Zukunft.

[7] Dieses tritt klar zutage bei Vergleich der Werke Maeterlinks und Poes. Und dies ist wieder ein Beispiel für das Fortschreiten auch der künstlerischen Mittel vom Materiellen zum Abstrakten.

[8] Viele Versuche haben gezeigt, daß eine derartige geistige Atmosphäre nicht nur Helden, sondern jedem Menschen zugute kommt. Die Sensitiven können z. B. nicht im Zimmer bleiben, wo vorher ein Mensch war, welcher ihnen geistig widerwärtig ist, wenn sie von dessen Anwesenheit auch nichts wußten.

[9] „Die Musik", X, 2, S. 104. Auszug aus der „Harmonielehre" (Verlag der „Universal Edition").

[10] Siehe z. B. Signac: „De Delacroix au Neo-impressionisme". (Deutsch erschienen im Verlag Axel Juncker, Charlottenburg 1910).

[11] Siehe seinen Artikel in „Kunst und Künstler" 1909, Heft VIII.

IV.

DIE PYRAMIDE

▭

So stellen sich allmählich verschiedene Künste auf den Weg, das zu sagen, was sie am besten sagen können, und durch die Mittel, die jede von ihnen ausschließlich besitzt.

Und trotz oder dank dieser Absonderung, nie standen in den letzten Zeiten die Künste, als solche, einander näher als in dieser letzten Stunde der geistigen Wendung.

In allem Erwähnten sind die Keime des Strebens zum Nicht-naturellen, Abstrakten und zu innerer Natur. Bewußt oder unbewußt gehorchen sie dem Worte Sokrates: „Erkenne dich selbst!" Bewußt oder unbewußt wenden sich allmählich die Künstler hauptsächlich zu ihrem Material, prüfen dasselbe, legen auf die geistige Wage den inneren Wert der Elemente, aus welchen zu schaffen ihre Kunst geeignet ist.

Und aus diesem Streben kommt von selbst die natürliche Folge—das Vergleichen der eigenen Elemente mit denen einer anderen Kunst. In diesem Falle zieht man die reichste Lehre aus der Musik. Mit wenigen Ausnahmen und Ablenkungen ist die Musik schon einige Jahrhunderte die Kunst, die ihre Mittel nicht zum Darstellen der Erscheinungen der Natur brauchte, sondern als Ausdrucksmittel des seelischen Lebens des Künstlers und zum Schaffen eines eigenartigen Lebens der musikalischen Töne.

Ein Künstler, welcher in der wenn auch künstlerischen Nachahmung der Naturerscheinungen kein Ziel für sich sieht und ein Schöpfer ist, welcher seine innere Welt zum Ausdruck bringen will und muß, sieht mit Neid, wie solche Ziele in der heute unmateriellsten Kunst—der Musik —natürlich und leicht zu erreichen sind. Es ist verständlich, daß er sich ihr zuwendet und versucht, dieselben Mittel in seiner Kunst zu finden. Daher kommt das heutige Suchen in der Malerei nach Rhythmus, nach mathematischer, abstrakter Konstruktion, das heutige Schätzen der Wiederholung des farbigen Tones, der Art, in welcher die Farbe in Bewegung gebracht wird usw.

Dieses Vergleichen der Mittel verschiedenster Künste und dieses Ablernen einer Kunst von der anderen kann nur dann erfolg- und siegreich werden, wenn das Ablernen nicht äußerlich, sondern prinzipiell ist. D. h. eine Kunst muß bei der anderen lernen, wie sie mit ihren Mitteln umgeht, sie muß es lernen, um dann ihre eigenen Mittel prinzipiell gleich zu behandeln, d. h. in dem Prinzip, welches ihr allein eigen ist. Bei diesem Ablernen muß der Künstler nicht vergessen, daß jedes Mittel eine ihm geeignete Anwendung in sich birgt und daß diese Anwendung herauszufinden ist.

In Anwendung der Form kann die Musik Resultate erzielen, die die Malerei nicht erreichen kann. Andererseits bleibt hinter manchen Eigenschaften der Malerei die Musik zurück. Z. B. hat die Musik die Zeit, die Ausdehnung der Zeit zur Verfügung. Die Malerei aber kann dagegen, indem sie den erwähnten Vorzug nicht besitzt, in einem Augenblick den ganzen Inhalt des Werkes dem Zuschauer bringen, wozu wieder die Musik nicht fähig ist[1]. Die Musik, die von der Natur äußerlich ganz emanzipiert ist, braucht nicht irgendwo äußere Formen für ihre Sprache zu leihen[2]. Die Malerei ist heute noch beinahe vollständig an die naturellen Formen, aus der Natur geliehene Formen angewiesen. Und ihre Aufgabe ist heute, ihre Kräfte und Mittel zu prüfen, sie kennen zu lernen, wie es die Musik schon lange tut, und zu versuchen, diese Mittel und Kräfte in rein malerischer Weise zum Zweck des Schaffens anzuwenden.

So grenzt die Vertiefung in sich eine Kunst von der anderen ab, so bringt sie die Vergleichung wieder zueinander im inneren Streben. So merkt man, daß jede Kunst ihre Kräfte hat, die durch die einer anderen nicht ersetzt werden können. So kommt man schließlich zur Vereinigung der eigenen Kräfte verschiedener Künste. Aus dieser Vereinigung wird mit der Zeit die Kunst entstehen, die wir schon heute vorahnen können, die wirkliche monumentale Kunst.

Und jeder, wer sich vertieft in die verborgenen inneren

Schätze seiner Kunst, ist ein beneidenswerter Mitarbeiter an der geistigen Pyramide, die bis zum Himmel reichen wird.

⊢━⊣

[1] Diese Unterschiede sind, wie alles in der Welt, relativ zu verstehen. Im gewissen Sinne kann die Musik die Ausdehnung in der Zeit vermeiden und die Malerei—diese Ausdehnung anwenden. Wie gesagt, haben alle Behauptungen einen nur relativen Wert.

[2] Wie kläglich Versuche ausfallen, die musikalischen Mittel zur Wiedergabe der äußeren Formen zu brauchen, zeigt eng verstandene Programmusik. Es wurden noch letzthin solche Experimente gemacht. Froschgesänge, Hühnerhöfe, Messerschleifen nachzuahmen, ist wohl einer Varietébühne ganz würdig und kann als unterhaltender Spaß ganz lustig wirken. In der ernsten Musik aber bleiben solche Ausschweifungen nur lehrreiche Beispiele, für Mißerfolge „Natur zu geben". Die Natur hat ihre eigene Sprache, die auf uns mit einer unüberwindlichen Macht wirkt. Diese Sprache ist nicht nachzuahmen. Wenn man einen Hühnerhof musikalisch darstellt, um die Stimmung der Natur dadurch zu schaffen, den Zuhörer in diese Stimmung zu versetzen, so kommt klar zutage, daß es eine unmögliche und nicht nötige Aufgabe ist. Eine derartige Stimmung kann von jeder Kunst geschaffen werden, aber nicht durch äußerliche Nachahmung der Natur, sondern durch künstlerische Wiedergabe dieser Stimmung in ihrem i n n e r e n Wert.

B.

MALEREI

V.

WIRKUNG DER FARBE

Wenn man die Augen über eine mit Farben besetzte Palette gleiten läßt, so entstehen zwei Hauptresultate:

1. es kommt eine rein p h y s i s c h e W i r k u n g zustande, d. h. das Auge selbst wird durch Schönheit und andere Eigenschaften der Farbe bezaubert. Der Schauende empfindet ein Gefühl von Befriedigung, Freude, wie ein Gastronom, wenn er einen Leckerbissen im Munde hat. Oder es wird das Auge gereizt, wie der Gaumen von einer pikanten Speise. Es wird auch wieder beruhigt oder abgekühlt, wie der Finger, wenn er Eis berührt. Dies alles sind jedenfalls physische Gefühle, welche als solche nur von kurzer Dauer sein können. Sie sind auch oberflächlich und hinterlassen keinen dauernden Eindruck, wenn die Seele geschlossen bleibt. Ebenso wie man bei Berührung von Eis nur das Gefühl einer physischen Kälte erleben kann und dieses Gefühl nach dem Wiedererwärmen des Fingers vergißt, so wird auch die physische Wirkung der Farbe vergessen, wenn das Auge abgewendet wird. Und ebenso, wie das physische Gefühl der Kälte des Eises, wenn es tiefer eindringt, andere tiefere Gefühle erweckt und eine ganze Kette psychischer Erlebnisse bilden kann, so kann auch der oberflächliche Eindruck der Farbe sich zu einem Erlebnis

entwickeln.

Nur die gewohnten Gegenstände wirken bei einem mittelmäßig empfindlichen Menschen ganz oberflächlich. Die aber, die uns zum erstenmal begegnen, üben sofort einen seelischen Eindruck auf uns aus. So empfindet die Welt das Kind, welchem jeder Gegenstand neu ist. Es sieht das Licht, wird dadurch angezogen, will es fassen, verbrennt sich den Finger und bekommt Angst und Respekt vor der Flamme. Dann lernt es, daß das Licht außer feindlichen Seiten auch freundliche hat, daß es die Dunkelheit verscheucht, den Tag verlängert, daß es wärmen, kochen und lustiges Schauspiel bieten kann. Nach der Sammlung dieser Erfahrungen ist die Bekanntschaft mit dem Lichte gemacht und die Kenntnisse über dasselbe werden im Gehirn aufgespeichert. Das s t a r k i n t e n s i v e Interesse verschwindet, und die Eigenschaft der Flamme, ein Schauspiel zu bieten, kämpft mit voller Gleichgültigkeit gegen sie. Allmählich wird auf diesem Wege die Welt entzaubert. Man weiß, daß Bäume Schatten geben, daß Pferde schnell laufen können und Automobile noch schneller, daß Hunde beißen, daß der Mond weit ist, daß der Mensch im Spiegel kein echter ist.

Und nur bei einer höheren Entwicklung des Menschen erweitert sich immer der Kreis derjenigen Eigenschaften, welche verschiedene Gegenstände und Wesen in sich einschließen. Bei hoher Entwicklung bekommen diese Gegenstände und Wesen inneren Wert und schließlich i n n e r e n K l a n g. Ebenso ist es mit der Farbe, die bei niedrigem Stand der seelischen Empfindsamkeit nur eine oberflächliche Wirkung verursachen kann, eine Wirkung, die bald nach beendigtem Reiz verschwindet. Aber auch in diesem Zustand ist diese einfachste Wirkung verschiedener Art. Das Auge wird mehr und stärker von den helleren Farben angezogen und noch mehr und noch stärker von den helleren, wärmeren: Zinnoberrot zieht an und reizt, wie die Flamme, welche vom Menschen immer begierig angesehen wird. Das grelle Zitronengelb tut dem Auge nach längerer Zeit weh, wie dem Ohr eine hochklingende Trompete. Das Auge wird unruhig, hält den Anblick nicht lange aus und sucht Vertiefung und Ruhe in Blau oder Grün.

Bei höherer Entwicklung aber entspringt dieser elementaren Wirkung eine tiefergehende, die eine Gemütserschütterung verursacht. In diesem Falle ist

2. das zweite Hauptresultat des Beobachtens der Farbe vorhanden, d. h. die p s y c h i s c h e Wirkung derselben. Hier kommt die psychische Kraft der Farbe zutage, welche eine seelische Vibration hervorruft. Und die erste, elementare physische Kraft wird nun zur Bahn, auf welcher die Farbe die Seele erreicht.

Ob diese zweite Wirkung tatsächlich eine direkte ist, wie man aus den letzten Zeilen annehmen kann, oder ob sie durch Assoziation erreicht wird, bleibt vielleicht eine Frage. Da die Seele im allgemeinen fest mit dem Körper verbunden ist, so ist es möglich, daß eine psychische Erschütterung eine andere, ihr entsprechende durch A s s o z i a t i o n hervorruft. Z. B. die rote Farbe kann eine der Flamme ähnliche seelische Vibration verursachen, da das Rot die Farbe der Flamme ist. Das warme Rot wirkt aufregend, dieses Rot kann bis zu einer schmerzlichen Peinlichkeit steigen, vielleicht auch durch Ähnlichkeit mit fließendem Blut. Hier erweckt also diese Farbe eine Erinnerung an ein anderes physisches Agens, welches unbedingt eine peinliche Wirkung auf die Seele ausübt.

Wenn dies der Fall wäre, so würden wir leicht durch die Assoziation eine Erklärung auch der anderen physischen Wirkungen der Farbe finden, d. h. zu den Wirkungen nicht nur auf das Sehorgan, sondern auch auf die anderen Sinne. Man kann eben annehmen, daß z. B. helles Gelb einen sauren Eindruck macht aus der Assoziation mit der Zitrone.

Es ist aber kaum möglich, derartige Erklärungen durchzuführen. Was gerade den Geschmack der Farbe betrifft, so sind verschiedene Beispiele bekannt, wo diese Erklärung nicht gebraucht werden kann. Ein Dresdener Arzt erzählt von einem seiner Patienten, den er als „geistig ungewöhnlich hochstehenden" Menschen charakterisiert, daß er eine bestimmte Sauce immer und unfehlbar „blau" schmeckte, d. h. wie blaue Farbe empfand.[1] Man könnte vielleicht eine ähnliche, aber doch andere Erklärung annehmen, daß gerade bei hochentwickelten Menschen die Wege zur Seele so direkt, und die Eindrücke derselben so schnell zu erreichen sind, daß eine Wirkung, die durch den Geschmack geht, sofort zur Seele gelangt und die entsprechenden Wege aus der Seele zu anderen materiellen Organen mitklingen läßt (in unserem Falle—Auge). Es wäre eine Art Echo oder Widerschall, wie man es bei Musikinstrumenten hat, wenn sie, ohne selbst berührt zu werden, mit einem anderen Instrumente mitklingen, welches direkt berührt wurde. Solche stark fühlenden Menschen sind wie gute, vielgespielte Geigen, welche bei jeder Berührung mit dem Bogen in a l l e n Teilen und Fasern vibrieren.

Bei der Annahme dieser Erklärung muß freilich das Sehen nicht nur mit dem Geschmack, sondern auch mit allen anderen Sinnen in Zusammenhang stehen. Dieses ist auch der Fall. Manche Farben können unglatt, stechend aussehen, wogegen andere wieder als etwas Glattes, Samtartiges empfunden werden, so daß man sie gern streicheln möchte. (Ultramarinblau dunkel, Chromoxydgrün, Krapplack.) Selbst der Unterschied zwischen kalt und warm des Farbentones beruht auf dieser

Empfindung. Es gibt ebenso Farben, die weich erscheinen (Krapplack) oder andere, die stets als harte vorkommen (Kobaltgrün, grünblau Oxyd), so daß die frisch aus der Tube ausgepreßte Farbe für trocken gehalten werden kann.

Der Ausdruck „duftende Farben" ist allgemein gebräuchlich.

Endlich ist das Hören der Farben so präzis, daß man vielleicht keinen Menschen findet, welcher den Eindruck von Grellgelb auf den Baßtasten des Klaviers wiederzugeben suchen oder Krapplack dunkel als eine Sopranstimme bezeichnen würde[2].

Diese Erklärung (also eigentlich doch durch Assoziation) wird aber in manchen Fällen, die für uns von ganz besonderer Wichtigkeit sind, nicht genügen. Wer von Chromotherapie gehört hat, weiß, daß das farbige Licht eine ganz besondere Wirkung auf den ganzen Körper verursachen kann. Es wurde verschiedentlich versucht, diese Kraft der Farbe auszunützen und bei verschiedenen Nervenkrankheiten anzuwenden, wobei man wieder bemerkte, daß das rote Licht belebend, aufregend auch auf das Herz wirkt, das Blaue dagegen zu zeitlicher Paralyse führen kann. Wenn man eine derartige Wirkung auch auf Tiere und sogar Pflanzen beobachten kann, was der Fall ist, so fällt hier die Assoziationserklärung gänzlich weg. Diese Tatsachen beweisen jedenfalls, daß die Farbe eine wenig untersuchte, aber enorme Kraft in sich birgt, die den ganzen menschlichen Körper, als physischen Organismus, beeinflussen kann.

Wenn uns aber die Assoziation in diesem Falle nicht ausreichend erscheint, so werden wir uns auch in der Wirkung der Farbe auf die Psyche mit dieser Erklärung nicht begnügen können. Im allgemeinen ist also die Farbe ein Mittel, einen direkten Einfluß auf die Seele auszuüben. Die Farbe ist die Taste. Das Auge ist der Hammer. Die Seele ist das Klavier mit vielen Saiten.

Der Künstler ist die Hand, die durch diese oder jene Taste
z w e c k m ä ß i g die menschliche Seele in Vibration bringt.

So ist es klar, daß die Farbenharmonie
nur auf dem Prinzip der zweckmäßigen
Berührung der menschlichen Seele ruhen
m u ß .

Diese Basis soll als Prinzip der inneren
N o t w e n d i g k e i t bezeichnet werden.

▬

[1] Dr. med. F r e u d e n b e r g. Spaltung der Persönlichkeit.
(Übersinnliche Welt 1908, Nr. 2, S. 64-65.) Hier wird auch
über Farbenhören gesprochen (S. 65), wobei der Verfasser
bemerkt, daß die vergleichenden Tabellen kein allgemeines
Gesetz feststellen. Vgl. L. S a b a n e j e ff in der Wochenschrift
„Musik", Moskau 1911, Nr. 9: Mit Bestimmtheit wird hier auf
das baldige Kommen eines Gesetzes hingewiesen.

[2] Auf diesem Gebiete wurde schon viel theoretisch und
auch praktisch gearbeitet. Auf der vielseitigen Ähnlichkeit
(auch physikalischer Luft- und Licht-vibration) will man auch
der Malerei eine Möglichkeit finden, ihren Kontrapunkt zu
bauen. Andererseits in der Praxis wurde es mit Erfolg
versucht, wenig musikalischen Kindern durch Hilfe der Farben
(z. B. durch B l u m e n) eine Melodie einzuprägen. Viele Jahre
arbeitet auf diesem Gebiete Frau A. Sacharjin-Unkowsky,
welche eine spezielle präzise Methode konstruiert hat, „die
Musik von den Farben der Natur abzuschreiben, die Laute der
Natur zu malen, die L a u t e f a r b i g z u s e h e n und
die F a r b e n m u s i k a l i s c h z u h ö r e n". Diese
Methode wird schon seit Jahren in der Schule der Erfinderin
angewendet und wurde vom St. Petersburger Konservatorium
als zweckmäßig anerkannt. Andererseits hat S k r j a b i n auf
e m p i r i s c h e m Wege eine parallele Tabelle der
musikalischen und farbigen Töne zusammengestellt, die der
mehr physikalischen Tabelle der Frau Unkowsky sehr gleicht.
Skrjabin hat sein Prinzip im „Prometheus" überzeugend
angewendet. (S. Tabelle in der Wochenschrift „Musik",

Moskau 1911, Nr. 9.)

VI.

FORMEN- UND FARBENSPRACHE

„Der Mann, der nicht Musik hat in ihm selbst, Den nicht die Eintracht süßer Töne rührt, Taugt zu Verrat, zu Räuberei, zu Tücken, Die Regung seines Sinns ist dumpf wie Nacht, Sein Trachten düster wie der Erebus: Trau keinem solchen! —Horch auf die Musik!‘ (Shakespeare.)

Der musikalische Ton hat einen direkten Zugang zur Seele. Er findet da sofort einen Widerklang, da der Mensch „die Musik hat in sich selbst".

„Jedermann weiß, daß gelb, orange und rot Ideen der Freude, des Reichtums, einflößen und darstellen" (Delacroix).[1]

Diese zwei Zitate zeigen die tiefe Verwandtschaft der Künste überhaupt und der Musik und Malerei insbesondere. Auf dieser auffallenden Verwandtschaft hat sich sicher der Gedanke Goethes konstruiert, daß die Malerei ihren Generalbaß erhalten muß. Diese prophetische Äußerung Goethes ist ein Vorgefühl der Lage, in welcher sich heute die Malerei befindet. Diese Lage ist der Ausgangspunkt des Weges, auf welchem die Malerei durch Hilfe ihrer Mittel zur Kunst im abstrakten Sinne heranwachsen wird und wo sie schließlich die rein malerische K o m p o s i t i o n erreichen wird.

Zu dieser Komposition stehen ihr zwei Mittel zur Verfügung:

1. Farbe.

2. Form.

Die Form allein, als Darstellung des Gegenstandes (realen oder nicht realen) oder als rein abstrakte Abgrenzung eines Raumes, einer Fläche, kann selbständig existieren.

Die Farbe nicht. Die Farbe läßt sich nicht grenzenlos ausdehnen. Man kann sich das grenzenlose Rot nur denken oder geistig sehen. Wenn man das Wort Rot hört, so hat dieses Rot in unserer Vorstellung keine Grenze. Dieselbe muß mit Gewalt, wenn es nötig ist, dazu gedacht werden. Das Rot, was man nicht materiell sieht, sondern sich abstrakt vorstellt, erweckt andererseits eine gewisse präzise und unpräzise innere Vorstellung, die einen rein inneren, physischen Klang hat[2]. Dieses aus dem Wort klingende Rot hat auch selbständig keinen speziell ausgesprochenen Übergang zu warm oder kalt. Dasselbe muß noch dazu gedacht werden, wie feine Abstufungen des roten Tones. Deswegen nenne ich dieses geistige Sehen unpräzis. Es ist aber auch zur selben Zeit präzis, da der innere Klang bloß bleibt, ohne zufällige, zu Einzelheiten führende Neigungen zu warm und kalt usw. Dieser innere Klang ist ähnlich dem Klang einer Trompete oder eines Instrumentes, welchen man sich vorstellt bei dem Wort „Trompete" usw., wobei die Einzelheiten ausbleiben. Man denkt sich eben den Klang ohne die Unterschiede, welche er erleidet, durch Klingen im Freien, im geschlossenen Raum, allein oder mit andern Instrumenten, wenn ihn ein Postillion, ein Jäger, ein Soldat oder ein Virtuose hervorruft.

Wenn aber dieses Rot in materieller Form gegeben werden muß (wie in der Malerei), so muß es 1. einen bestimmten Ton haben aus der unendlichen Reihe der verschiedenen Rot gewählt, also sozusagen subjektiv charakterisiert werden, und 2. muß es auf der Fläche abgegrenzt werden, von anderen Farben abgegrenzt, die u n b e d i n g t da sind, die man in keinem Falle vermeiden kann und wodurch (durch Abgrenzung und Nachbarschaft) die subjektive Charakteristik sich verändert (eine objektive Hülse erhält): hier spricht der objektive Beiklang mit.

Dieses unvermeidliche Verhältnis zwischen Farbe und Form bringt uns zu Beobachtungen der Wirkungen, welche die Form auf die Farbe ausübt. Die Form selbst, wenn sie auch ganz abstrakt ist und einer geometrischen gleicht, hat ihren innern Klang, ist ein geistiges Wesen mit Eigenschaften, die mit dieser Form identisch sind. Ein Dreieck (ohne die nähere Bezeichnung, ob es spitz, flach, gleichseitig ist) ist ein derartiges Wesen mit dem ihm allein eigenen geistigen Parfüm. In Verbindung mit anderen Formen differenziert sich dieses Parfüm, bekommt beiklingende Nuancen, bleibt aber im Grunde unveränderlich, wie der Duft der Rose, der niemals mit dem des Veilchens verwechselt werden kann. Ebenso Kreis, Quadrat und alle anderen möglichen Formen[3]. Also derselbe Vorfall, wie oben mit Rot: subjektive Substanz in objektiver Hülse.

Hier kommt die Gegenwirkung der Form und Farbe klar zutage. Ein Dreieck mit Gelb ausgefüllt, ein Kreis mit Blau, ein Quadrat mit Grün, wieder ein Dreieck mit Grün, ein Kreis mit Gelb, ein Quadrat mit Blau usw. Dies sind alle ganz verschiedene und ganz verschieden wirkende Wesen.

Dabei läßt sich leicht bemerken, daß manche Farbe durch manche Form in ihrem Wert unterstrichen wird und durch andere abgestumpft. Jedenfalls spitze Farben klingen in ihrer Eigenschaft stärker in spitzer Form (z. B. Gelb im Dreieck). Die zur Vertiefung geneigten werden in dieser Wirkung durch runde Formen erhöht (z. B. Blau im Kreis). Natürlich ist es andererseits klar, daß das Nichtpassen der Form zur Farbe nicht als etwas „Unharmonisches" angesehen werden muß, sondern umgekehrt als eine neue Möglichkeit und also auch Harmonie.

Da die Zahl der Farben und der Formen unendlich ist, so sind auch die Kombinationen unendlich und zur selben Zeit die Wirkungen. Dieses Material ist unerschöpflich.

Die Form im engeren Sinne ist jedenfalls nichts weiter, wie die Abgrenzung einer Fläche von der anderen. Dies ist ihre Bezeichnung im Äußeren. Da aber alles Äußere auch unbedingt Inneres in sich birgt (stärker oder schwächer zum Vorschein kommend), so h a t a u c h j e d e F o r m i n n e r e n I n h a l t[4]. D i e F o r m i s t a l s o d i e Ä u ß e r u n g d e s i n n e r e n I n h a l t e s. Dies ist ihre Bezeichnung im Inneren. Hier muß an das vor kurzem gebrachte Beispiel mit dem Klavier gedacht werden, wobei man statt „Farbe"—„Form" stellt: der Künstler ist die Hand, die durch diese oder jene Taste (= Form) zweckmäßig die menschliche Seele in Vibration bringt. S o i s t e s k l a r, d a ß d i e F o r m e n h a r m o n i e n u r a u f d e m P r i n z i p d e r z w e c k m ä ß i g e n B e r ü h r u n g d e r m e n s c h l i c h e n S e e l e r u h e n m u ß.

Dieses Prinzip wurde hier als das P r i n z i p d e r i n n e r e n N o t w e n d i g k e i t bezeichnet.

Die erwähnten zwei Seiten der Form sind zur selben Zeit ihre zwei Ziele. Und deshalb ist die äußere Abgrenzung dann erschöpfend zweckmäßig, wenn sie den inneren Inhalt der Form am ausdrucksvollsten zum Vorschein bringt[5]. Das Äußere der Form, d. h. die Abgrenzung, welcher in diesem Falle die Form zum Mittel dient, kann sehr verschieden sein.

Aber trotz aller Verschiedenheit, die die Form bieten kann, wird sie doch nie über zwei äußere Grenzen hinausgehen, und zwar:

1. entweder dient die Form, als Abgrenzung, dem Ziele, durch diese Abgrenzung einen materiellen Gegenstand aus der Fläche herauszuschneiden, also diesen materiellen Gegenstand auf die Fläche zu zeichnen, oder

2. bleibt die Form abstrakt, d. h. sie bezeichnet keinen realen Gegenstand, sondern ist ein vollkommen abstraktes Wesen.

Solche rein abstrakte Wesen, die als solche ihr Leben haben, ihren Einfluß und ihre Wirkung, sind ein Quadrat, ein Kreis, ein Dreieck, ein Rhombus, ein Trapez und die unzähligen anderen Formen, die immer komplizierter werden und keine mathematische Bezeichnung besitzen. Alle diese Formen sind gleichberechtigte Bürger des abstrakten Reiches.

Zwischen diesen beiden Grenzen liegt die unendliche Zahl der Formen, in welchen beide Elemente vorhanden sind und wo entweder das Materielle überwiegt oder das Abstrakte.

Diese Formen sind momentan der Schatz, aus welchem der Künstler alle einzelnen Elemente seiner Schöpfungen entleiht.

Mit ausschließlich rein abstrakten Formen kann der Künstler heute nicht auskommen. Diese Formen sind ihm zu unpräzis. Sich auf ausschließlich Unpräzises zu beschränken, heißt sich der Möglichkeiten berauben, das rein Menschliche ausschließen und dadurch seine Ausdrucksmittel arm machen.

Andererseits gibt es in der Kunst keine vollkommen materielle Form. Es ist nicht möglich, eine materielle Form genau wiederzugeben: Wohl 'oder übel unterliegt der Künstler s e i n e m Auge, s e i n e r Hand, die in diesem Falle künstlerischer sind als seine Seele, die nicht über photographische Ziele hinausgehen will. Der bewußte Künstler aber, welcher mit dem Protokollieren des materiellen Gegenstandes sich nicht begnügen kann, sucht unbedingt dem darzustellenden Gegenstande einen Ausdruck zu geben, was man früher idealisieren hieß, später stilisieren und morgen noch irgendwie anders nennen wird[6].

Diese Unmöglichkeit und Zwecklosigkeit (in der Kunst), den Gegenstand ohne Ziel zu kopieren, dieses Streben, dem

Gegenstande das Ausdrucksvolle zu entleihen, sind die Ausgangspunkte, von welchen auf weiterem Wege der Künstler von der „literarischen" Färbung des Gegenstandes zu rein künstlerischen (bzw. malerischen) Zielen zu streben anfängt. Dieser Weg führt zum Kompositionellen.

Raffael. Die hl. Familie

Die rein malerische Komposition hat in bezug auf die Form
zwei Aufgaben vor sich:

1. Die Komposition des ganzen Bildes.

2. Die Schaffung der einzelnen Formen, die in verschiedenen
Kombinationen zueinander stehen, sich der Komposition
des Ganzen unterordnen[7]. So werden mehrere
Gegenstände (reale und eventuell abstrakte) im Bild e i n e r

61

großen Form untergeordnet und so verändert, daß sie in diese Form passen, diese Form bilden. Hier kann die einzelne Form persönlich wenig klingend bleiben, sie dient in erster Linie der Bildung der großen kompositionellen Form und ist hauptsächlich als Element dieser Form zu betrachten. Diese einzelne Form ist so und nicht anders gestaltet; nicht, weil i h r eigener innerer Klang, abgesehen von der großen Komposition, es unbedingt verlangt, sondern größtenteils, weil sie als Baumaterial dieser Komposition zu dienen berufen ist. Hier wird die erste Aufgabe—die Komposition des ganzen Bildes—als definitives Ziel verfolgt[8].

So tritt in der Kunst allmählich immer näher in den Vordergrund das Element des Abstrakten, welches noch gestern schüchtern und kaum sichtbar sich hinter die rein materialistischen Bestrebungen versteckte.

Und dieses Wachsen und schließlich Überwiegen des Abstrakten ist natürlich.

Es ist natürlich, da, je mehr die organische Form zurückgetrieben wird, desto mehr dieses Abstrakte von selbst in den Vordergrund tritt und an Klang gewinnt.

Das bleibende Organische hat aber, wie gesagt, eigenen inneren Klang, welcher entweder mit dem inneren Klang des zweiten Bestandteiles derselben Form (des Abstrakten darin) identisch ist (einfache Kombinierung der beiden Elemente), oder auch verschiedener Natur sein kann (komplizierte und möglicherweise notwendig disharmonische Kombinierung). Jedenfalls aber läßt das Organische in der gewählten Form seinen Klang hören, wenn auch dieses Organische ganz in den Hintergrund gedrängt wird. Deswegen ist die Wahl des realen Gegenstandes von Wichtigkeit. In dem Doppelklange (geistiger Akkord) der beiden Bestandteile der Form kann der organische den abstrakten unterstützen (durch Mit- oder Widerklang) oder für denselben störend sein. Der

Gegenstand kann einen nur zufälligen Klang bilden, welcher, durch einen anderen ersetzt, keine w e s e n t l i c h e Änderung des Grundklanges hervorruft.

Eine romboidale Komposition wird z. B. durch eine Anzahl menschlicher Figuren konstruiert. Man prüft sie mit dem Gefühl und stellt sich die Frage: sind die menschlichen Figuren für die Komposition unbedingt notwendig oder dürfte man sie durch andere organische Formen ersetzen, und zwar so, daß der i n n e r e Grundklang der Komposition dadurch nicht leidet? Und wenn ja, so ist hier der Fall vorhanden, wo der Klang des Gegenstandes nicht nur dem Klang des Abstrakten nicht hilft, sondern ihm direkt schadet: gleichgültiger Klang des Gegenstandes schwächt den Klang des Abstrakten ab. Und dieses ist nicht nur logisch, sondern auch künstlerisch tatsächlich der Fall. Es sollte also in diesem Fall entweder ein anderer, mehr zum inneren Klang des Abstrakten passender Gegenstand gefunden werden (passend als Mit- oder Widerklang) oder überhaupt sollte diese ganze Form eine rein abstrakte bleiben. Hier wird wieder an das Beispiel mit dem Klavier erinnert. Statt „Farbe" und „Form" soll der „Gegenstand" gestellt werden. Jeder Gegenstand (ohne Unterschied, ob er direkt von der „Natur" geschaffen wurde oder durch menschliche Hand entstanden ist) ist ein Wesen mit eigenem Leben und daraus unvermeidlich fließender Wirkung. Der Mensch unterliegt fortwährend dieser psychischen Wirkung. Viele Resultate derselben werden im „Unterbewußtsein" bleiben (wo sie ebenso lebendig und schöpferisch wirken). Viele steigen zum „Überbewußtsein". Von vielen kann sich der Mensch befreien, indem er seine Seele dagegen abschließt. Die „Natur", d. h. die stets wechselnde äußere Umgebung des Menschen, versetzt durch die Tasten (Gegenstände) fortwährend die Saiten des Klaviers (Seele) in Vibrationen. Diese Wirkungen, welche uns oft chaotisch zu sein scheinen, bestehen aus drei Elementen: das Wirken der Farbe des Gegenstandes, seiner Form und das von Farbe und Form unabhängige Wirken des Gegenstandes selbst.

Nun tritt aber an die Stelle der Natur der Künstler, welcher über dieselben drei Elemente verfügt. Und wir kommen ohne weiteres zum Schluß: auch hier ist das Zweckmäßige maßgebend. So ist es klar, daß die Wahl des Gegenstandes (= Beiklingendes Element in der Formharmonie) nur auf dem Prinzip der zweckmäßigen Berührung der menschlichen Seele ruhen muß.

Also entspringt auch die Wahl des Gegenstandes dem Prinzip der inneren Notwendigkeit

Je freier das Abstrakte der Form liegt, desto reiner und dabei primitiver klingt es. In einer Komposition also, wo das Körperliche mehr oder weniger überflüssig ist, kann man auch dieses Körperliche mehr oder weniger auslassen und durch rein abstrakte oder durch ganz ins Abstrakte übersetzte körperliche Formen ersetzen. In jedem Falle dieser Übersetzung oder dieses Hineinkomponierens der rein abstrakten Form Soll der einzige Richter, Lenker und Abwäger das Gefühl sein. Und freilich, je mehr der Künstler diese abstrahierten oder abstrakten Formen braucht, desto heimischer wird er im Reiche derselben und tritt immer tiefer in dieses Gebiet ein. Und ebenso durch den Künstler geführt auch der Zuschauer, welcher immer mehr Kenntnisse in der abstrakten Sprache sammelt und sie schließlich beherrscht.

Da stehen wir vor der Frage: müssen wir denn nicht auf das Gegenständliche überhaupt verzichten, es aus unserer Vorratskammer in alle Winde zerstreuen und das rein Abstrakte ganz bloßlegen? Dies ist die natürlich sich aufdrängende Frage, welche durch das Auseinander-setzen des Mitklingens der beiden Formelemente (des gegenständlichen und abstrakten) uns auch gleich auf die Antwort stößt. Wie jedes gesagte Wort (Baum, Himmel, Mensch) eine innere Vibration erweckt, so auch jeder bildlich dargestellte Gegenstand. Sich dieser Möglichkeit, eine Vibration zu verursachen, zu berauben, wäre: das Arsenal seiner Mittel zum Ausdruck zu vermindern. So steht es jedenfalls heute. Aber außer dieser heutigen Antwort bekommt die oben gestellte Frage die Antwort, die in der Kunst die ewige bleibt auf alle Fragen, die mit „muß" anfangen: Es gibt kein „muß" in der Kunst, die ewig frei ist. Vor dem „muß" flieht die Kunst, wie der Tag vor der Nacht.

Bei der Betrachtung der zweiten kompositionellen Aufgabe, der Schaffung der e i n z e l n e n zum Aufbau der ganzen Komposition bestimmten Formen muß noch bemerkt werden, daß dieselbe Form bei gleichen Bedingungen immer gleich klingt. Nur sind die Bedingungen immer verschieden, woraus zwei Folgen fließen:

1. ändert sich der ideale Klang durch Zusammenstellung mit anderen Formen,

2. ändert er sich auch in derselben Umgebung (soweit das Festhalten derselben möglich ist), wenn diese Form in ihrer Richtung verschoben wird[9]. Aus diesen Folgen fließt weiter eine andere von selbst heraus.

Es gibt nichts Absolutes. Und zwar ist die Formenkomposition, auf dieser Relativität ruhend, abhängig 1. von der Veränderlichkeit der Zusammenstellung der Formen und 2. von der Veränderlichkeit jeder einzelnen Form bis ins kleinste. Jede Form ist so empfindlich wie ein Rauchwölkchen: das unmerklichste geringste Verrücken jeder ihrer Teile verändert sie w e s e n t l i c h . Und dies geht so weit, daß es vielleicht leichter ist, denselben Klang durch verschiedene Formen zu erzielen, als ihn durch die Wiederholung derselben Form wieder zum Ausdruck zu bringen: eine wirkliche genaue Wiederholung liegt außer der Möglichkeit. Solange wir nur für das Ganze der Komposition besonders empfänglich sind, ist diese Tatsache mehr theoretisch wichtig. Wenn aber die Menschen durch das Gebrauchen der abstrakteren und abstrakten Formen (die keine Interpretation von Körperlichem erhalten werden) ein feineres und stärkeres Empfinden bekommen werden, so wird diese Tatsache immer mehr an praktischer Bedeutung gewinnen.

Und so werden einerseits die Schwierigkeiten der Kunst wachsen, aber gleichzeitig wird auch der Reichtum an Formen in den Ausdrucksmitteln quantitativ und qualitativ mitwachsen. Dabei wird auch die Frage des „Verzeichnens" von selbst fallen und wird durch eine andere viel künstlerischere ersetzt: wie weit ist der innere Klang der gegebenen Form verschleiert oder entblößt? Diese Änderung in den Ansichten wird wieder noch weiter und zu noch größerer Bereicherung der Ausdrucksmittel führen, da die Verschleierung eine enorme Macht in der Kunst ist. Das Kombinieren des Verschleierten und des Bloßgelegten wird eine neue Möglichkeit der Leitmotive einer Formenkomposition bilden.

Ohne solche Entwicklung auf diesem Gebiete würde die Formenkomposition unmöglich bleiben. Jedem, den der innere Klang der Form (der körperlichen und besonders der abstrakten) nicht erreicht, wird ein derartiges Komponieren stets als bodenlose Willkür erscheinen. Gerade das scheinbar folgenlose Verschieben der einzelnen Formen auf der Bildfläche erscheint in diesem Fall als inhaltloses Spiel mit den Formen. Hier finden wir denselben Maßstab und dasselbe Prinzip, welches wir bis jetzt überall als das einzige rein künstlerische, vom Nebensächlichen freie fanden: Das

Prinzip der inneren Notwendigkeit.

Wenn z. B. Gesichtszüge oder verschiedene Körperteile aus künstlerischem Grunde verschoben und „verzeichnet" werden, so stößt man doch außer auf die rein malerische Frage auch auf die anatomische, die die malerische Absicht hemmt und ihr nebensächliches Berechnen aufzwingt. In unserem Falle fällt aber alles Nebensächliche von selbst ab und es bleibt nur das Wesentliche—das künstlerische Ziel. Gerade diese scheinbar willkürliche, aber in Wirklichkeit streng bestimmbare Möglichkeit, die Formen zu verschieben, ist eine der Quellen einer unendlichen Reihe rein künstlerischer Schöpfungen.

Also die Biegsamkeit der einzelnen Form, ihre sozusagen innerlich-organische Veränderung, ihre Richtung im Bilde (Bewegung), das Überwiegen des Körperlichen oder des Abstrakten in dieser einzelnen Form einerseits und andererseits die Zusammenstellung der Formen, die die großen Formen der Formengruppen bilden, die Zusammenstellung der einzelnen Formen mit den Formengruppen, welche die große Form des ganzen Bildes schaffen, weiter die Prinzipien des Mit- oder Widerklangs aller erwähnten Teile, d. h. das Zusammentreffen einzelner Formen, das Hemmen einer Form durch die andere, ebenso das Schieben, das Mit- und Zerreissen der einzelnen Formen, die gleiche Behandlung der Formengruppen, des Kombinierens des Verschleierten mit dem Bloßgelegten, des Kombinierens des Rhythmischen und Arhythmischen auf derselben Fläche, des Kombinierens der abstrakten Formen als rein geometrischer (einfacher, komplizierter) und geometrisch unbezeichenbarer, des Kombinierens der Abgrenzungen der Formen voneinander (stärkerer, schwächerer) usw. usw.—dies alles sind die Elemente, die die Möglichkeit eines rein zeichnerischen „Kontrapunktes" bilden und die zu diesem Kontrapunkt führen werden. Und dies wird der Kontrapunkt der Kunst des Schwarz-Weißen, solange die Farbe ausgeschaltet ist.

Und die Farbe, die selbst ein Material zu einem Kontrapunkt bietet, die selbst unendliche Möglichkeiten in sich birgt, wird in Vereinigung mit der Zeichnung zum großen malerischen Kontrapunkt führen, auf welchem auch die Malerei zur Komposition gelangen wird und sich als wirklich reine Kunst in den Dienst des Göttlichen stellt. Und immer derselbe unfehlbare Führer bringt sie auf diese schwindelnde Höhe: d a s   P r i n z i p   d e r   i n n e r e n   N o t w e n d i g k e i t!

Cézanne. Die Badenden

Die innere Notwendigkeit entsteht aus drei mystischen Gründen. Sie wird von drei mystischen Notwendigkeiten gebildet:

1. hat jeder Künstler, als Schöpfer, das ihm Eigene zum Ausdruck zu bringen (Element der Persönlichkeit),

2. hat jeder Künstler, als Kind seiner Epoche, das dieser Epoche Eigene zum Ausdruck zu bringen (Element des Stiles im inneren Werte, zusammengesetzt aus der Sprache der Epoche und der Sprache der Nation, solange die Nation als solche existieren wird),

3. hat jeder Künstler, als Diener der Kunst, das der Kunst im allgemeinen Eigene zu bringen (Element des Rein- und

Ewig-Künstlerischen, welches durch alle Menschen, Völker und Zeiten geht, im Kunstwerke jedes Künstlers, jeder Nation und jeder Epoche zu sehen ist und als Hauptelement der Kunst keinen Raum und keine Zeit kennt).

Man muß nur diese zwei ersten Elemente mit dem geistigen Auge durchdringen, um dieses dritte Element bloßgelegt zu sehen. Dann sieht man, daß eine „grob" geschnitzte Indianertempel-Säule vollkommen durch dieselbe Seele belebt ist, wie ein noch so „modernes" lebendiges Werk.

Es wurde und wird noch heute viel vom Persönlichen in der Kunst gesprochen, hier und da fällt ein Wort und wird jetzt immer öfter fallen über den kommenden Stil. Wenn diese Fragen auch von großer Wichtigkeit sind, so verlieren sie durch Jahrhunderte und später Jahrtausende gesehen allmählich an Schärfe und Wichtigkeit, werden schließlich gleichgültig und tot.

Nur das dritte Element des Rein-und Ewig-Künstlerischen bleibt ewig lebendig. Es verliert mit der Zeit seine Kraft nicht, sondern gewinnt an ihr ständig. Eine ägyptische Plastik erschüttert uns heute sicherlich mehr, als sie ihren Zeitgenossen zu erschüttern vermochte: sie war an ihre Zeitgenossen noch viel zu stark durch damals noch lebendig gewesene Merkmale der Zeit und der Persönlichkeit gebunden und durch sie gedämpft. Heute hören wir in ihr den entblößten Klang der Ewigkeit-Kunst. Und andererseits: je mehr ein „heutiges" Werk von den ersten zwei Elementen hat, desto leichter wird es natürlicherweise den Zugang zur Seele des Zeitgenossen finden. Und weiter: je mehr das dritte Element im heutigen Werk vorhanden ist, desto mehr werden die ersten zwei übertönt und dadurch der Zugang zur Seele des Zeitgenossen erschwert. Deswegen müssen manchmal Jahrhunderte vergehen, bis der Klang des dritten Elementes zur Seele der Menschen gelangen kann.

So ist das Überwiegen dieses dritten Elementes im Werk das Zeichen Seiner Größe und der Größe des Künstlers.

Diese drei mystischen Notwendigkeiten sind die drei notwendigen Elemente des Kunstwerkes, die fest miteinander verbunden sind, d. h. sie durchdringen sich gegenseitig, was in jeder Zeit das Einheitliche des Werkes ausdrückt. Trotzdem haben die zwei ersten Elemente das Zeitliche und Räumliche in sich, was im Rein- und Ewig-Künstlerischen, welches außer Zeit und Raum steht, eine gewisse verhältnismäßig undurchsichtige Hülse bildet. Der Vorgang der Kunstentwicklung besteht gewissermaßen aus dem Sichabheben des Rein- und Ewig-Künstlerischen von dem Element der Persönlichkeit, dem Element des Zeitstiles. So sind diese zwei Elemente nicht nur mitspielende Kräfte, sondern auch bremsende.

Der persönliche und zeitliche Stil bildet in jeder Epoche viele präzise Formen, die trotz den scheinbar großen Verschiedenheiten so organisch verwandt sind, daß sie als e i n e F o r m bezeichnet werden können: ihr innerer Klang ist schließlich nur e i n H a u p t k l a n g

Diese beiden Elemente sind subjektiver Natur. Die ganze Epoche will s i c h abspiegeln, i h r Leben künstlerisch äußern. Ebenso will der Künstler s i c h äußern und wählt nur die ihm seelisch verwandten Formen.

Allmählich und schließlich bildet sich der Stil der Epoche, d. h. eine gewisse äußere und subjektive Form. Das Rein- und Ewig-Künstlerische ist dagegen das objektive Element, welches mit Hilfe des subjektiven verständlich wird.

Das unvermeidliche Sichausdrückenwollen des Objektiven ist die Kraft, die hier als innere Notwendigkeit bezeichnet wird und die aus dem Subjektiven heute e i n e allgemeine Form braucht und morgen eine a n d e r e. Sie ist der ständige unermüdliche Hebel, die Feder, die ununterbrochen

„vorwärts" treibt. Der Geist schreitet weiter und deshalb sind die heutigen inneren Gesetze der Harmonie morgen äußere Gesetze, die in weiterer Anwendung nur durch diese äußerlich gewordene Notwendigkeit leben. Es ist klar, daß die innere geistige Kraft der Kunst sich aus der heutigen Form nur eine Stufe macht, um zu weiteren zu gelangen.

Kurz gesagt, ist die Wirkung der inneren Notwendigkeit und also die Entwicklung der Kunst eine fortschreitende Äußerung des Ewig-Objektiven im Zeitlich-Subjektiven. Und also andererseits das Bekämpfen des Subjektiven durch das Objektive.

Z. B. ist die heutige anerkannte Form eine Eroberung der gestrigen inneren Notwendigkeit, die auf einer gewissen äußeren Stufe der Befreiung, der Freiheit geblieben ist. Diese heutige Freiheit wurde durch Kampf gesichert und scheint, wie immer, vielen „das letzte Wort" zu sein. Ein Kanon dieser beschränkten Freiheit ist: der Künstler darf jede Form zum Ausdruck brauchen, solange er auf dem Boden der aus der Natur entliehenen Formen bleibt. Diese Forderung ist aber, wie alle früheren, nur zeitlich. Sie ist der heutige äußere Ausdruck, d. h. die heutige äußere Notwendigkeit. Vom Standpunkt der inneren Notwendigkeit gesehen, darf eine derartige Beschränkung nicht gemacht werden, und der Künstler darf sich vollkommen auf die heutige innere Basis stellen, welcher die heutige äußere Beschränkung genommen wird, und die dadurch folgendermaßen zu definieren ist: der Künstler darf jede Form zum Ausdruck brauchen.

So sieht man endlich (und dieses ist von unbeschreiblicher Wichtigkeit für alle Zeiten und ganz besonders „heute"!), daß das Suchen nach dem Persönlichen, nach dem Stil (und also nebenbei nach dem Nationalen) nicht nur durch Absicht nicht zu erreichen ist, sondern auch nicht die große Bedeutung hat, die heute der Sache beigemessen wird. Und man sieht, daß die allgemeine Verwandtschaft der Werke, die durch Jahrtausende nicht geschwächt, sondern immer mehr und mehr gestärkt wird, nicht im Äußeren, im Äußerlichen liegt, sondern in der Wurzel der Wurzeln—im mystischen Inhalt der Kunst. Und man sieht, daß das Hängen an der „Schule", das Jagen nach der „Richtung", das Verlangen in einem Werk nach „Prinzipien" und bestimmten, der Zeit eigenen Ausdrucksmitteln nur auf Irrwege führen kann und zu Unverständnis, zur Verfinsterung, Verstummung bringen muß.

Blind gegen „anerkannte" oder „unanerkannte" Form, taub gegen Lehren und Wünsche der Zeit soll der Künstler sein.

Sein offenes Auge soll auf sein inneres Leben gerichtet werden und sein Ohr soll dem Munde der inneren Notwendigkeit stets zugewendet sein.

Dann wird er zu jedem erlaubten Mittel und ebenso leicht zu jedem verbotenen Mittel greifen.

Dieses ist der einzige Weg, das Mystischnotwendige zum Ausdruck zu bringen.

Alle Mittel sind heilig, wenn sie innerlich-notwendig sind.

Alle Mittel sind sündhaft, wenn sie nicht aus der Quelle der inneren Notwendigkeit stammen.

Und andererseits, wenn man auf diesem Wege auch heute ins Unendliche theoretisieren kann, so ist jedenfalls die Theorie in weiteren Einzelheiten verfrüht. In der Kunst geht nie die Theorie voraus, und zieht die Praxis nie nach sich, sondern umgekehrt. Hier ist alles und ganz besonders im Anfang Gefühlsache. Nur durch Gefühl, besonders im Anfang des Weges, ist das künstlerisch Richtige zu erreichen. Wenn die allgemeine Konstruktion auch rein theoretisch zu erreichen ist, so bleibt doch dieses Plus, welches die wahrhaftige Seele der Schöpfung ist (und also auch verhältnismäßig ihr Wesen), nie durch Theorie geschaffen und nie gefunden, wenn es nicht plötzlich vom Gefühl in die Schöpfung eingehaucht wird. Da die Kunst auf das Gefühl wirkt, so kann sie auch nur durch das Gefühl wirken. Bei sichersten Proportionen, bei feinsten Wagen und Gewichten, kommt aus der Kopfrechnung und deduktiven Wägung nie ein richtiges Resultat zur Folge. Es können solche Proportionen nicht ausgerechnet werden und solche Wagen können nicht fertig gefunden werden[10]. Die Proportionen und Wagen sind nicht außerhalb des Künstlers, sondern in ihm, sie sind das, was man auch Grenzengefühl, künstlerischen Takt nennen kann— Eigenschaften, die dem Künstler angeboren sind und durch Begeisterung erhöht werden zur genialen Offenbarung. In diesem Sinne ist auch die Möglichkeit eines von Goethe prophezeiten Generalbasses in der Malerei zu verstehen. Eine derartige Malgrammatik läßt sich momentan nur vorahnen, und wenn es endlich zu derselben kommt, so wird dieselbe weniger auf Grund der physischen Gesetze gebaut werden (wie man schon versuchte und heute wieder versucht: „Kubismus"), sondern auf den Gesetzen der inneren Notwendigkeit, die man ruhig als seelische bezeichnen kann.

So sehen wir, daß im Grunde eines jeden kleinen und im Grunde des größten Problems der Malerei das I n n e r e liegen wird. Der Weg, auf welchem wir uns heute schon befinden, und welcher das größte Glück unserer Zeit ist, ist der Weg, auf welchem wir uns des Äußeren[11] entledigen werden, um statt dieser Hauptbasis eine ihr entgegengesetzte zu stellen: Die Hauptbasis der inneren Notwendigkeit. Aber wie der Körper durch Übungen gestärkt und entwickelt wird, so auch der Geist. Wie der vernachlässigte Körper schwach und schließlich impotent wird, so auch der Geist. Das dem Künstler angeborene Gefühl ist eben das evangelische Talent, welches nicht vergraben werden darf. Der Künstler, welcher seine Gaben nicht nützt, ist der faule Sklave.

Deswegen ist es nicht nur unschädlich, sondern unbedingt notwendig, daß der Künstler den Ausgangspunkt dieser Übungen kennt.

Dieser Ausgangspunkt ist das Wägen des inneren Wertes des Materials auf der großen objektiven Wage, d. h. Untersuchung—in unserem Falle—der F a r b e, die im großen und ganzen jedenfalls auch auf jeden Menschen wirken muß.

Also braucht man hier auch nicht in tiefe und feine Kompliziertheiten der Farbe sich einlassen, sondern man begnügt sich mit der elementaren Darstellung der einfachen Farbe.

Man konzentriert sich zunächst auf i s o l i e r t e F a r b e man läßt e i n z e l n s t e h e n d e F a r b e auf sich wirken. Dabei kommt ein möglichst einfaches Schema in Betracht. Die ganze Frage wird in eine möglichst einfache Form hineingepreßt.

Die zwei großen Abteilungen, die dabei sofort ins Auge fallen, sind:

1. Wärme und Kälte des farbigen Tones und

2. Helligkeit oder Dunkelheit desselben.

So entstehen sofort vier Hauptklänge jeder Farbe: entweder ist sie I. w a r m und dabei 1. h e l l oder 2. d u n k e l, oder sie ist II. k a l t und 1. h e l l oder 2. d u n k e l.

Die Wärme oder die Kälte der Farbe ist eine Neigung ganz im allgemeinen zu Gelb oder zu Blau. Dies ist eine

Unterscheidung, die sozusagen auf derselben Fläche geschieht, wobei die Farbe ihren Grundklang behält, aber dieser Grundklang wird mehr materiell oder mehr unmateriell. Es ist eine horizontale Bewegung, wobei das Warme sich auf dieser horizontalen Fläche zum Zuschauer bewegt, zu ihm strebt, das Kalte—sich vom Zuschauer entfernt.

▭

Erstes Paar   (innerlichen Charakters als see-
der Gegensätze: I und II   lische Wirkung)

I   Warm   Kalt   = I Gegensatz
       Gelb   Blau

2 Bewegungen:
   1. horizontale

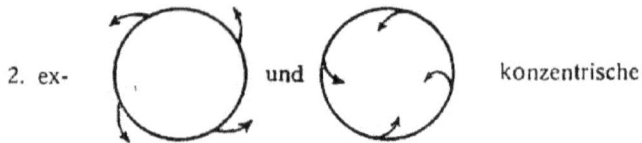

Zum Beschauer   v. Beschauer
(körperlich)   (geistig)
         Gelb   Blau

2. ex-   und   konzentrische

II   Hell   Dunkel   = II Gegensatz
       Weiß   Schwarz

2 Bewegungen:
   1. Die Bewegung des Widerstandes

Ewiger Widerstand und   absolute Widerstands-
trotzdem Möglichkeit   Weiß   Schwarz   losigkeit und keine
   (Geburt)   Möglichkeit (Tod)

   2. ex- und konzentrische, wie bei Gelb und Blau, aber in
     erstarrter Form.

Tabelle I

Die Farben selbst, die diese horizontale Bewegung einer anderen Farbe verursachen, sind auch durch dieselbe Bewegung charakterisiert, haben aber noch eine andere Bewegung, die sie stark voneinander in der inneren Wirkung trennt: sie sind dadurch der erste große Gegensatz im inneren Werte. So ist also die Neigung der Farbe zu Kalt oder Warm von einer unermeßlichen inneren Wichtigkeit und Bedeutung.

Der zweite große Gegensatz ist der Unterschied zwischen Weiß und Schwarz, also der Farben, die das andere

77

Paar der vier Hauptklänge erzeugen: die Neigung der Farbe zu Hell oder zu Dunkel. Diese letzten haben auch dieselbe Bewegung zum und vom Zuschauer, aber nicht in dynamischer, sondern statischer—erstarrter Form (siehe Tab. I).

Die zweite Bewegung von Gelb und Blau, die zum ersten großen Gegensatz beiträgt, ist ihre ex- und konzentrische Bewegung[12]. Wenn man zwei Kreise macht von gleicher Größe und einen mit Gelb füllt und den andern mit Blau, so merkt man schon bei kurzer Konzentrierung auf diese Kreise, daß das Gelb ausstrahlt, eine Bewegung aus dem Zentrum bekommt und sich beinahe sichtbar dem Menschen nähert. Das Blau aber eine konzentrische Bewegung entwickelt (wie eine Schnecke, die sich in ihr Häuschen verkriecht), und vom Menschen sich entfernt. Vom ersten Kreis wird das Auge gestochen, während es in den zweiten versinkt.

Diese Wirkung vergrößert sich, wenn man den Unterschied in Hell und Dunkel hinzufügt: die Wirkung des Gelb steigert sich bei Aufhellen (einfach gesagt: bei Beimischung des Weißen), die Wirkung des Blau steigert sich bei Verdunkeln der Farbe (Beimischung des Schwarzen). Diese Tatsache bekommt noch eine größere Bedeutung, wenn man bemerkt, daß das Gelb dermaßen zum Hellen (Weiß) neigt, daß es überhaupt kein sehr dunkles Gelb geben kann. Es ist also eine tiefe Verwandtschaft bei Gelb und Weiß im physischen Sinne, ebenso wie bei Blau und Schwarz, da das Blau eine Tiefe bekommen kann, die an das Schwarz grenzt. Es ist außer dieser physischen Ähnlichkeit auch eine moralische da, die im innern Werte die zwei Paare (Gelb und Weiß einerseits und Blau und Schwarz andererseits) voneinander stark trennt und die zwei Glieder eines jeden Paares sehr verwandt miteinander macht (worüber Näheres später bei Besprechung von Weiß und Schwarz).

Wenn man versucht, Gelb (diese typisch warme Farbe) kälter zu machen, so bekommt sie einen grünlichen Ton und verliert sofort an beiden Bewegungen (horizontaler und exzentrischer). Es bekommt dadurch einen etwas kränklichen und übersinnlichen Charakter, wie ein Mensch voll Streben und Energie, welcher durch äußere Zustände in diesem Streben und der Anwendung seiner Energie verhindert wird. Das Blau, als eine ganz entgegengesetzte Bewegung, bremst das Gelb, wobei schließlich bei weiterem Hinzufügen von Blau beide entgegen-gesetzten Bewegungen sich gegenseitig vernichten und volle Unbeweglichkeit und Ruhe entsteht. Es entsteht G r ü n.

Dasselbe geschieht auch mit Weiß, wenn es durch Schwarz getrübt wird. Es verliert an Beständigkeit und es entsteht zuletzt G r a u, welches im moralischen Werte sehr dem Grün nahesteht.

Nur sind im Grün Gelb und Blau als paralysierte Kräfte verborgen, die wieder aktiv werden können. Eine lebendige Möglichkeit liegt im Grün, die im Grau ganz fehlt. Sie fehlt deswegen, weil das Grau aus Farben besteht, die keine rein aktive (sich bewegende) Kraft besitzen, sondern einerseits aus unbeweglichem Widerstand bestehen und andererseits aus widerstandsunfähiger Unbeweglichkeit (wie eine ins Unendliche gehende Mauer von unendlicher Stärke und ein bodenloses unendliches Loch).

Und da beide das Grün schaffenden Farben aktiv sind und eine Bewegung in sich haben, so kann man schon rein theoretisch nach dem Charakter dieser Bewegungen das geistige Wirken der Farben feststellen, und ebenso, wenn man hier experimental handelt und die Farben auf sich wirken läßt, kommt man wieder zu demselben Resultate. Und tatsächlich die erste Bewegung von Gelb, das Streben z u m Menschen, welches bis zur Aufdringlichkeit erhoben werden kann (bei Verstärkung der Intensität des Gelb), und auch die zweite Bewegung, das Springen über die Grenze, das Zerstreuen der Kraft in die Umgebung sind gleich den Eigenschaften jeder materiellen Kraft, die sich unbewußt auf den Gegenstand stürzt und ziellos nach allen Seiten ausströmt. Andererseits das. Gelb, wenn es direkt betrachtet wird, (in irgendeiner geometrischen Form), beunruhigt den Menschen, sticht, regt ihn auf und zeigt den Charakter der in der Farbe ausgedrückten Gewalt, die schließlich frech und aufdringlich auf das Gemüt wirkt[13]. Diese Eigenschaft des Gelb, welches große Neigung zu helleren Tönen hat, kann zu einer dem Auge und dem Gemüt unerträglichen Kraft und Höhe gebracht werden. Bei dieser Erhöhung klingt es, wie eine immer lauter geblasene scharfe Trompete oder ein in die Höhe gebrachter Fanfarenton[14].

Gelb ist die typisch irdische Farbe Gelb kann nicht weit in die Tiefe getrieben werden. Bei Abkühlung durch Blau bekommt es, wie oben erwähnt, einen kränklichen Ton. Verglichen mit dem Gemütszustand des Menschen könnte es als farbige Darstellung des Wahnsinns wirken, aber nicht der Melancholie, Hypochondrie, sondern eines Wutanfalles, der blinden Tollheit, der Tobsucht. Der Kranke überfällt die Menschen, schlägt alles zugrunde und schleudert seine physischen Kräfte nach allen Seiten, verbraucht sie plan- und grenzenlos, bis er sie vollständig verzehrt hat. Es ist auch wie die tolle Verschwendung der letzten Sommerkräfte im grellen Herbstlaub, von welchem das beruhigende Blau genommen wird und zum Himmel steigt. Es entstehen Farben von einer tollen Kraft, welcher die Vertiefungsgabe ganz fehlt.

Diese Vertiefungsgabe finden wir im B l a u und ebenso erst theoretisch in ihren physischen Bewegungen 1. vom Menschen weg und 2. zum eigenen Zentrum. Und ebenso, wenn man das Blau (in jeder gewünschten geometrischen

Form) auf das Gemüt wirken läßt. Die Neigung des Blau zur Vertiefung ist so groß, daß es gerade in tieferen Tönen intensiver wird und charakteristischer innerlich wirkt. Je tiefer das Blau wird, desto mehr ruft es den Menschen in das Unendliche, weckt in ihm die Sehnsucht nach Reinem und schließlich Übersinnlichem. Es ist die Farbe des Himmels, so wie wir ihn uns vorstellen bei dem Klange des Wortes Himmel.

Blau ist die typisch himmlische Farbe[15]. Sehr tiefgehend entwickelt das Blau das Element der Ruhe[16]. Zum Schwarzen sinkend, bekommt es den Beiklang einer nicht menschlichen Trauer[17]. Es wird eine unendliche Vertiefung in die ernsten Zustände, wo es kein Ende gibt und keines geben kann. Ins Helle übergehend, wozu das Blau auch weniger geeignet ist, wird es von gleichgültigerem Charakter und stellt sich zum Menschen weit und indifferent, wie der hohe hellblaue Himmel. Je heller also, desto klangloser, bis es zur schweigenden Ruhe übergeht—weiß wird. Musikalisch dargestellt ist helles Blau einer Flöte ähnlich, das dunkle dem Cello, immer tiefer gehend den wunderbaren Klängen der Baßgeige; in tiefer, feierlicher Form ist der Klang des Blau dem der tiefen Orgel vergleichbar.

Das Gelb wird leicht akut und kann nicht zu großer Vertiefung sinken. Das Blau wird schwer akut und kann nicht zu großer Steigerung sich heben.

Ideales Gleichgewicht in der Mischung dieser zwei in allem diametral verschiedenen Farben-bildet das G r ü n. Die horizontalen Bewegungen vernichten sich gegenseitig. Die Bewegungen aus und ins Zentrum vernichten sich ebenso. Es entsteht Ruhe. Dies ist der logische Schluß, welcher theoretisch leicht zu erzielen ist. Und das direkte Wirken auf das Auge und schließlich durch das Auge auf die Seele führt zu demselben Resultat. Diese Tatsache ist längst nicht nur den Ärzten (speziell Augenärzten), sondern allgemein bekannt. Absolutes Grün ist die ruhigste Farbe, die es gibt: sie bewegt sich nach nirgend hin und hat keinen Beiklang der Freude, Trauer, Leidenschaft, sie verlangt nichts, ruft nirgend hin. Diese ständige Abwesenheit der Bewegung ist eine Eigenschaft, die auf ermüdete Menschen und Seelen wohltuend wirkt, aber nach einiger Zeit des Ausruhens leicht langweilig werden kann. Die in grüner Harmonie gemalten Bilder bestätigen diese Behauptung. Wie das in Gelb gemalte Bild immer eine geistige Wärme ausströmt, oder ein blaues zu abkühlend erscheint (also aktive Wirkung, da der Mensch als ein Element des Weltalls zu ständiger, vielleicht ewiger Bewegung geschaffen ist), so wirkt das Grüne nur langweilend (passive Wirkung). Die Passivität ist die charaktervollste Eigenschaft des absoluten Grün, wobei diese Eigenschaft von einer Art Fettheit, Selbstzufriedenheit parfümiert wird. Deswegen ist das absolute Grün im Farbenreich das, was im Menschenreich die sogen. Bourgeoisie ist: es ist ein unbewegliches, mit sich zufriedenes, nach allen Richtungen beschränktes Element. Dies Grün ist wie eine dicke, sehr gesunde, unbeweglich liegende Kuh, die nur zum Wiederkauen fähig mit blöden, stumpfen Augen die Welt betrachtet[18]. Grün ist die Hauptfarbe des Sommers, wo die Natur die Sturm- und Drangperiode des Jahres, den Frühling überstanden hat und in eine selbstzufriedene Ruhe getaucht ist. (Siehe Tabelle II.)

Wenn das absolute Grün aus dem Gleichgewicht gebracht wird, so steigt es zu Gelb, wobei es lebendig wird, jugendlich und freudig. Es ist wieder durch Beimischung von Gelb eine aktive Kraft eingetreten. Ins Tiefe sinkend, bei Übergewicht von Blau, bekommt das Grün einen ganz anderen Klang: es wird ernst und sozusagen nachdenklich. Da tritt also auch ein aktives Element ein, aber vollständig anderen Charakters wie bei dem Erwärmen von Grün.

Bei Übergang ins Helle oder Dunkle behält das Grün den ursprünglichen Charakter der Gleichgültigkeit und Ruhe, wobei im Hellen die erstere, im Dunkeln die letztere stärker klingt, was auch natürlich ist, da diese Änderungen durch Weiß und Schwarz erzielt werden. Musikalisch möchte ich das absolute Grün wohl am besten durch ruhige, gedehnte, mitteltiefe Töne der Geige bezeichnen.

Diese letzten zwei Farben—Weiß und Schwarz—sind schon im allgemeinen definiert worden. Bei der näheren Bezeichnung ist das Weiß, welches oft für eine N i c h t f a r b e gehalten wird (besonders dank den Impressionisten, die „kein Weiß in der Natur"[19] sehen), wie ein Symbol einer Welt, wo alle Farben, als materielle Eigenschaften und Substanzen, verschwunden sind. Diese Welt ist so hoch über uns, daß wir keinen Klang von dort hören können. Es kommt ein großes Schweigen von dort, welches, materiell dargestellt, wie eine unübersteigliche, unzerstörbare, ins Unendliche gehende kalte Mauer uns vor-kommt. Deswegen wirkt auch das Weiß auf unsere Psyche als ein großes Schweigen, welches für uns absolut ist. Es klingt innerlich wie ein Nichtklang, was manchen Pausen in der Musik ziemlich entspricht, den Pausen, welche nur zeitlich die Entwicklung eines Satzes oder Inhaltes unterbrechen und nicht ein definitiver Abschluß einer Entwicklung sind. Es ist ein Schweigen, welches nicht tot ist, sondern voll Möglichkeiten. Das Weiß klingt wie Schweigen, welches plötzlich verstanden werden kann. Es ist ein Nichts, welches jugendlich ist oder, noch genauer, ein Nichts, welches vor dem A n f a n g, vor der Geburt ist. So klang vielleicht die Erde zu den weißen Zeiten der Eisperiode.

III   Rot   Grün   = III. Gegensatz
I Bewegung   der geistig gelöschte
                                   I. Gegensatz.

Bewegung in sich   = Beweglichkeit in Potenz
                               = Unbeweglichkeit

Rot

Ex- und konzentrische Bewegungen fehlen ganz.
Bei optischer Mischung   = Grau
wie bei mechanischer von Weiß und Schwarz = Grau

IV   Orange   Violett   – IV. Gegensatz

entstanden aus dem I Gegensatz durch
  1. aktives Element des Gelb in Rot = Orange
  2. passives Element des Blau in Rot = Violett

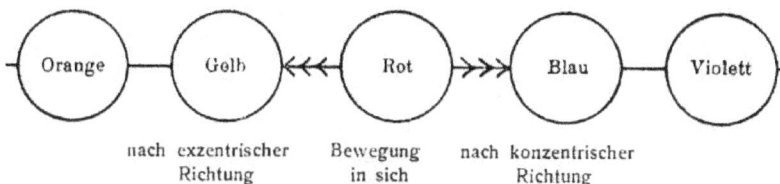

| Orange | Gelb | ⫷⫷⫷ Rot ⫸⫸⫸ | Blau | Violett |

nach exzentrischer   Bewegung   nach konzentrischer
Richtung   in sich   Richtung

Tabelle II

Und wie ein Nichts ohne Möglichkeit, wie ein totes Nichts
nach dem Erlöschen der Sonne, wie ein ewiges Schweigen
ohne Zukunft und Hoffnung klingt innerlich das
S c h w a r z. Es ist musikalisch dargestellt wie eine
vollständig abschließende Pause, nach welcher eine
Fortsetzung kommt wie der Beginn einer andern Welt, da
das durch d i e s e Pause Abgeschlossene für alle Zeiten
beendigt, ausgebildet ist: der Kreis ist geschlossen. Das
Schwarz ist etwas Erloschenes, wie ein ausgebrannter
Scheiterhaufen, etwas Unbewegliches, wie eine Leiche, was
zu allen Ereignissen nicht fühlend steht und alles von sich
gleiten läßt. Es ist wie das Schweigen des Körpers nach dem
Tode, dem Abschluß des Lebens. Das ist äußerlich die

klangloseste Farbe, auf welcher deswegen jede andere Farbe, auch die am schwächsten klingende, stärker und präziser klingt. Nicht wie auf Weiß, auf welchem beinahe alle Farben sich im Klange trüben und manche ganz zerfließen, einen schwachen, entkräfteten Klang hinterlassen[20].

Nicht umsonst wurde Weiß als reiner Freude Gewand gewählt und unbefleckter Reinheit. Und Schwarz als Gewand der größten, tiefsten Trauer und als Symbol des Todes. Das Gleichgewicht dieser beiden Farben, welches durch mechanische Mischung entsteht, bildet Grau. Natürlich kann eine derartig entstandene Farbe keinen äußeren Klang und keine Bewegung bieten. Grau ist klanglos und unbeweglich. Diese Unbeweglichkeit ist aber eines anderen Charakters wie die Ruhe des Grün, welches zwischen zwei aktiven Farben liegt und ihr Produkt ist. Das Grau ist deswegen die Unbeweglichkeit, die trostlos ist. Je dunkler dieses Grau wird, desto mehr Übergewicht bekommt das Trost-lose, kommt das Erstickende zur Geltung. Bei Aufhellen kommt eine Art Luft, Möglichkeit des Atmens in die Farbe, die ein gewisses Element von versteckter Hoffnung enthält. Ein ähnliches Grau entsteht durch optische Mischung von Grün und Rot: es entsteht aus geistiger Mischung der selbstzufriedenen Passivität und eines starken aktiven Glühens in sich[21].

Das Rot, so wie man es sich' denkt, als grenzenlose, charakteristisch warme Farbe, wirkt innerlich als eine sehr lebendige, lebhafte, unruhige Farbe, die aber nicht den leichtsinnigen Charakter des sich nach allen Seiten verbrauchenden Gelb besitzt, sondern trotz aller Energie und Intensität eine starke Note von beinahe zielbewußter immenser Kraft zeugt. Es ist in diesem Brausen und Glühen hauptsächlich in sich und sehr wenig nach außen, eine sozusagen männliche Reife (siehe Tabelle II).

Dieses ideale Rot kann aber in realer Wirklichkeit große

Änderungen, Abschweifungen und Verschiedenheiten dulden. Das Rot ist sehr reich und verschieden in der materiellen Form. Man denke sich nur: Saturn-rot, Zinnoberrot, Englischrot, Krapplack, vom hellsten in die dunkelsten Töne! Diese Farbe zeigt die Möglichkeit, den Grundton ziemlich zu behalten und dabei charakteristisch warm oder kalt auszusehen[22].

Das helle warme Rot (S a t u r n) hat eine gewisse Ähnlichkeit mit Mittelgelb (enthält auch als Pigment ziemlich viel Gelb) und erweckt das Gefühl von Kraft, Energie, Streben, Entschlossenheit, Freude, Triumph (lauter) usw. Es erinnert musikalisch auch an den Klang der Fanfaren, wobei die Tuba beiklingt—hartnäckiger, aufdringlicher, starker Ton.

Im mittleren Zustande, wie Z i n n o b e r, gewinnt das Rot an der Beständigkeit des scharfen Gefühls: es ist wie eine gleichmäßig glühende Leidenschaft, eine in sich sichere Kraft, die nicht leicht zu übertönen ist, die sich aber durch Blau löschen läßt, wie glühendes Eisen durch Wasser. Dieses Rot verträgt überhaupt nichts Kaltes und verliert durch dasselbe an seinem Klang und Sinn. Oder besser zu sagen: diese gewaltsame, tragische Abkühlung erzeugt einen Ton, welcher als „S c h m u tz" besonders heute von Malern vermieden und verpönt wird. Und dieses mit Unrecht. Der Schmutz in materieller Form als materielle Vorstellung, als materielles Wesen besitzt jedem anderen Wesen gleich seinen inneren Klang. Deshalb ist das Vermeiden des Schmutzes in der Malerei heute ebenso ungerecht und einseitig, wie die gestrige Angst vor „reiner" Farbe es war. Nie soll vergessen werden, daß alle Mittel rein sind, die aus innerer Notwendigkeit entspringen. Hier ist das äußerlich Schmutzige innerlich rein. Sonst ist das äußerlich Reine innerlich schmutzig. Mit Gelb verglichen sind Saturn- und Zinnoberrot ähnlichen Charakters, wobei aber das Streben zum Menschen viel geringer ist: dieses Rot glüht, aber mehr in sich, der etwas wahnsinnige Charakter des Gelb fehlt ihm beinahe ganz. Deswegen wird es vielleicht mehr geliebt als Gelb: es wird gerne und viel in primitiver, volkstümlicher Ornamentik gebraucht und auch viel in Volks-trachten verwendet, wo es im Freien als Komplementärfarbe zu Grün besonders "schön" wirkt. Dieses Rot ist hauptsächlich materiellen und sehr aktiven Charakters (isoliert genommen) und nicht zur Vertiefung geneigt, ebenso wie Gelb. Nur durch das Eindringen in ein höheres Milieu bekommt dieses Rot einen tieferen Klang. Das Vertiefen durch Schwarz ist gefährlich, da das tote Schwarz die Glut löscht und auf das Minimum reduziert. Es entsteht aber dabei das stumpfe, harte, wenig zur Bewegung fähige B r a u n, in welchem das Rot wie ein kaum hörbares Brodeln klingt. Und trotzdem entspringt diesem äußerlich leisen Klang ein lauter gewaltsamer innerer. Durch notwendige Anwendung des Braun entsteht eine unbeschreibliche innere Schönheit: das Hemmen. Zinnoberrot klingt wie die Tuba und kann in Parallele gezogen werden mit starken Trommelschlägen.

Wie jede im Grunde kalte Farbe, läßt sich auch d a s k a l t e R o t (wie Krapplack) sehr vertiefen (besonders durch Lasur). Es verändert sich auch erheblich im Charakter: der Eindruck des tieferen Glühens wächst, das Aktive verschwindet aber allmählich ganz. Dieses Aktive ist aber andererseits nicht so vollkommen abwesend, wie z. B. im tiefen Grün, sondern läßt eine Ahnung, ein Erwarten eines neuen energischen Aufglühens wie etwas, was sich in sich zurückgezogen hat, was aber auf der Lauer liegt und die versteckte Fähigkeit in sich birgt oder hatte, einen wilden Sprung zu machen. Darin liegt auch der große Unterschied zwischen ihm und der Vertiefung des Blau, da bei Rot auch in dieser Lage doch etwas vom Körperlichen zu spüren ist.

Es erinnert doch an ein Element von Leidenschaften tragende, mittlere und tiefere Töne des Cello. Das kalte Rot, wenn es hell ist, gewinnt noch mehr an Körperlichem, aber an reinem Körperlichen, klingt wie jugendliche, reine Freude, wie eine frische, junge, ganz reine Mädchengestalt. Dieses Bild ist leicht durch höhere klare, singende Töne der Geige zu musikalischem Ausdruck zu bringen[23]. Diese Farbe, nur durch Beimischung von Weiß intensiv werdend, ist als Kleidungsfarbe beliebt für junge Mädchen.

Das warme Rot, durch verwandtes Gelb erhöht, bildet O r a n g e. Durch diese Beimischung wird die Bewegung in sich des Rot zum Anfang der Bewegung des Ausstrahlens, des Zerfließens in die Umgebung gebracht. Das Rote aber, welches eine große Rolle im Orange spielt, erhält dieser Farbe den Beiklang des Ernstes. Es ist einem von seinen Kräften überzeugten Menschen ähnlich und ruft deswegen ein besonders gesundes Gefühl hervor. Wie eine mittlere Kirchenglocke, die zum Angelus ruft, klingt diese Farbe, oder wie eine starke Altstimme, wie eine Largo singende Altgeige.

Wie Orange entsteht durch das Näherziehen des Rot zum Menschen, ebenso entsteht durch das Zurückziehen des Rot durch Blau das V i o l e tt, welches die Neigung hat, vom Menschen sich weg zu bewegen. Dieses im Grunde liegende Rot muß aber kalt sein, da das Warm des Rot mit dem Kalt des Blau sich nicht mischen läßt (durch kein Verfahren), was auch auf dem Gebiete des Geistigen stimmt.

Violett ist also ein abgekühltes Rot im physischen und psychischen Sinne. Es hat deswegen etwas Krankhaftes, Erlöschtes (Kohlenschlacken!), hat etwas Trauriges in sich. Diese Farbe wird nicht umsonst als passend für Kleider alter Frauen gehalten. Die Chinesen brauchen sie direkt als Farbe der Trauerkleider. Es ist dem Klange ähnlich des englischen Horns, der Schalmei, und in der Tiefe den tiefen Tönen der

Holzinstrumente (z. B. Fagott)[24].

Beide letzte Farben, die aus einem Summieren von Rot mit Gelb oder Blau entstehen, sind von einem wenig labilen Gleichgewicht. Bei der Mischung der Farben beobachtet man die Neigung derselben, das Gleichgewicht zu verlieren. Man bekommt das Gefühl eines Seiltänzers, welcher aufpassen und nach beiden Seiten fortwährend balancieren muß. Wo beginnt Orange und hört das Gelb, das Rot auf? Wo ist die Grenze des Violetts, welche es streng von Rot oder Blau trennt[25]?

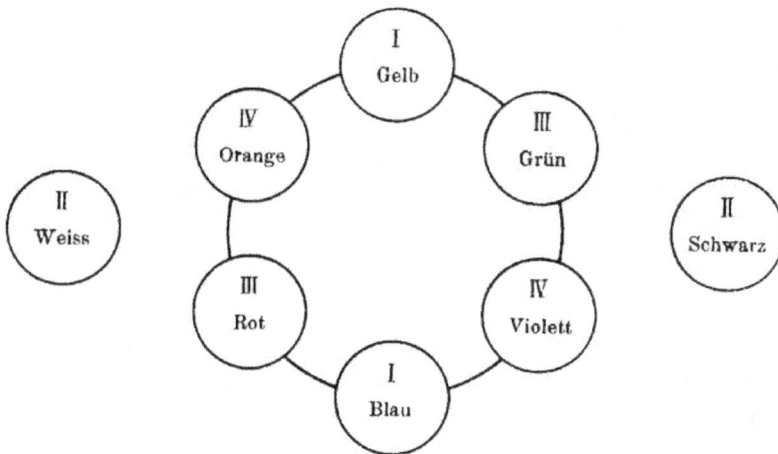

I Gelb — IV Orange — III Grün — II Weiss — II Schwarz — III Rot — IV Violett — I Blau

Tabelle III

Beide zuletzt charakterisierten Farben (Orange und Violett) sind der v i e r t e und letzte G e g e n s a tz im Farbenreiche der einfachen primitiven Farbentöne, wobei sie zueinander stehen im physikalischen Sinne so wie die des dritten Gegensatzes (Rot und Grün), d. h. als Komplementärfarben (siehe Tabelle II).

Wie ein großer Kreis, wie eine sich in den Schwanz beißende Schlange (das Symbol der Unendlichkeit und Ewigkeit) stehen vor uns die sechs Farben, die in Paaren drei große Gegensätze bilden. Und rechts und links die zwei großen Möglichkeiten des Schweigens; das des Todes und das der Geburt (siehe Tabelle III).

Es ist klar, daß alle die gebrachten Bezeichnungen dieser nur einfachen Farben sehr provisorisch und grob sind. So sind auch die Gefühle, die als Bezeichnungen der Farben gebracht wurden (wie Freude, Trauer usw.). Diese Gefühle sind auch nur materielle Zustände der Seele. Die Töne der Farben, ebenso wie die der Musik, sind viel feinerer Natur, erwecken viel feinere Vibrationen der Seele, die mit Worten nicht zu bezeichnen sind. Jeder Ton kann sehr wahrscheinlich mit der Zeit einen Ausdruck auch im materiellen Wort finden, es wird aber immer noch ein übriges bleiben, was vom Worte nicht vollständig ausgeschöpft werden kann, was aber nicht eine luxuriöse Beigabe des Tones ist, sondern gerade das Wesentliche in demselben. Deswegen sind und bleiben Worte nur Winke, ziemlich äußerliche Kennzeichen der Farben. In dieser Unmöglichkeit, das Wesentliche der Farbe durch das Wort und auch durch andere Mittel zu ersetzen, liegt die Möglichkeit der monumentalen Kunst. Hier unter sehr reichen und verschiedenen Kombinationen ist eine zu finden, die gerade auf der eben festgestellten Tatsache ruht. Und nämlich: derselbe innere Klang kann hier in demselben Augenblicke durch verschiedene Künste gebracht werden, wobei jede Kunst außer diesem allgemeinen Klang noch das ihr geeignete wesentliche Plus zeigen wird und dadurch einen Reichtum und eine Gewalt dem allgemeinen innern Klang hinzufügen wird, die durch e i n e Kunst nicht zu erreichen sind.

Welche dieser Harmonie an Kraft und Tiefe gleichkommenden Disharmonien und unendlichen Kombinationen mit dem Übergewicht einer Kunst, mit dem Übergewicht der Gegensätze verschiedener Künste auf dem Grund still mitklingender anderer usw. usw. dabei möglich sind, kann jedem klar werden.

Oft hört man die Meinung, daß die Möglichkeit, eine Kunst durch andere zu ersetzen (z. B. durch das Wort resp. die Literatur), die Notwendigkeit der Verschiedenheit der Künste widerlegen würde. Das ist aber nicht der Fall. Wie gesagt, ist eine genaue Wiederholung desselben Klanges durch verschiedene Künste nicht möglich. Wenn dieses aber auch möglich wäre, so würde doch die Wiederholung desselben Klanges wenigstens äußerlich anders gefärbt werden. Wenn aber auch dies nicht der Fall wäre, wenn also die Wiederholung durch verschiedene Künste desselben Klanges ganz genau jedesmal d e n s e l b e n Klang (äußerlich und innerlich) erzielen würde, so würde auch eine derartige Wiederholung nicht überflüssig sein. Schon deswegen, weil verschiedene Menschen für verschiedene Künste begabt sind (aktiv oder passiv, d. h. als Absender oder als Empfänger des Klanges). Wenn aber auch dieses nicht der Fall wäre, so würde doch dadurch die Wiederholung nicht einfach bedeutungslos werden. Das Wiederholen derselben Klänge, die Aufhäufung derselben verdichtet die geistige Atmosphäre, die notwendig ist zum Reifen der Gefühle (auch der feinsten Substanz), so wie zum Reifen verschiedener Früchte die verdichtete Atmosphäre eines Treibhauses notwendig, eine absolute Bedingung zum Reifen ist. Ein leises Beispiel davon ist der einzelne Mensch, auf welchen Wiederholung von Handlungen, Gedanken, Gefühlen einen schließlich gewaltigen Eindruck macht, wenn er auch wenig fähig ist, die einzelnen Handlungen usw. intensiv aufzusaugen, wie ein ziemlich dichter Stoff die ersten Regentropfen[26].

Man muß sich aber nicht nur in diesem beinahe greifbaren Beispiel die geistige Atmosphäre vorstellen. Diese ist geistig dasselbe wie die Luft, die auch rein oder von verschiedenen fremden Elementen erfüllt sein kann. Nicht nur Handlungen, die jeder beobachten kann, und Gedanken und Gefühle, die äußeren Ausdruck haben können, sondern auch ganz versteckte Handlungen, von welchen „niemand was weiß", nicht ausgesprochene Gedanken, nicht zum äußeren Ausdruck gekommene Gefühle (also Handlungen im Menschen) sind die Elemente, die die geistige Atmosphäre bilden. Selbstmorde, Morde, Gewalttaten, unwürdige, niedere Gedanken, Haß, Feindseligkeit, Egoismus, Neid, „Patriotismus", Parteilichkeit sind geistige Gestalten, die Atmosphäre s c h a ff e n d e n geistigen Wesen[27]. Und umgekehrt Selbstopfer, Hilfe, reine hohe Gedanken, Liebe, Altruismus, Freude an anderer Glück, Humanität, Gerechtigkeit sind eben solche Wesen, die die ersteren, wie die Sonne die Mikroben, töten und reine Atmosphäre herstellen[28].

Die andere (kompliziertere) Wiederholung ist die, an welcher verschiedene Elemente in verschiedener Form teilnehmen. In unserem Falle verschiedene Künste (also realisiert und summiert—die monumentale Kunst). Diese Form der Wiederholung ist noch gewaltiger, da verschiedene Menschennaturen verschieden auf einzelne Mittel reagieren; für die eine ist die zugänglichste die musikalische Form (die überhaupt auf alle wirkt—die Ausnahmen sind zu selten), der zweiten—die malerische, der dritten—die literarische usw. Außerdem sind die in verschiedenen Künsten verborgenen Kräfte im Grunde verschieden, so daß sie das zu erzielende Resultat auch bei denselben Menschen steigern, wenn auch jede Kunst auf eigene Faust isoliert arbeitet.

Dieses schwer definierbare Wirken der einzelnen isolierten Farbe ist der Grund, auf welchem verschiedene Werte h a r m o n i s i e r t werden. Es werden Bilder (kunstgewerblich—ganze Einrichtungen) in einem Lokalton gehalten, welcher nach künstlerischem Gefühle gewählt wird. Das Durchdringen eines farbigen Tones, das Zusammenbinden zweier nebeneinander liegender Farben durch Beimischung einer zur anderen ist die Basis, auf welcher oft die farbige Harmonie aufgebaut wurde. Aus dem eben über Farbenwirkungen Gesagten, aus der Tatsache, daß wir zu einer Zeit leben, die voll von Fragen, Ahnungen, Deutungen ist und deswegen voll von Widersprüchen (man denke auch an die Schichten des Dreiecks), können wir leicht die Folge ziehen, daß gerade unserer Zeit ein Harmonisieren auf dem Grunde der einzelnen Farbe am wenigsten passend ist. Vielleicht neidisch, mit trauriger Sympathie können wir die Mozartschen Werke empfangen. Sie sind uns eine willkommene Pause im Brausen unseres inneren Lebens, ein Trostbild und eine Hoffnung, aber wir hören sie doch wie Klänge aus anderer, vergangener, im Grunde uns fremder Zeit. Kampf der Töne, das verlorene Gleichgewicht, fallende „Prinzipien", unerwartete Trommelschläge, große Fragen, scheinbar zielloses Streben, scheinbar zerrissener Drang und Sehnsucht, zerschlagene Ketten und Bänder, die mehrere zu einem machen, Gegensätze und Widersprüche—das ist unsere Harmonie. Auf dieser Harmonie fußende K o m p o s i t i o n i s t e i n e Z u s a m m e n s t e l l u n g farbiger u n d z e i c h n e r i s c h e r F o r m e n, d i e a l s s o l c h e s e l b s t ä n d i g e x i s t i e r e n, v o n d e r i n n e r e n N o t w e n d i g k e i t h e r a u s g e h o l t w e r d e n u n d i m d a d u r c h e n t s t a n d e n e n g e m e i n s a m e n L e b e n e i n G a n z e s b i l d e n, w e l c h e s B i l d h e i ß t.

Nur diese einzelnen Teile sind wesentlich. Alles übrige (also auch das Behalten des gegenständlichen Elements) ist nebensächlich. Dieses Übrige ist nur Beiklang.

Logisch fließt daraus auch die Zusammenstellung zweier farbiger Töne miteinander. Auf demselben Prinzip der Antilogik werden jetzt Farben nebeneinander gestellt, die lange Zeit für disharmonisch galten. So ist es z. B. mit der Benachbarung von Rot und Blau, dieser in keinem physikalischen Zusammenhang stehenden Farben, die aber gerade durch den großen g e i s t i g e n G e g e n s a t z unter ihnen als eine der stärkst wirkenden, eine der best passenden Harmonien heute gewählt werden. Unsere Harmonie ruht hauptsächlich auf dem Prinzip des Gegensatzes, dieses zu allen Zeiten größten Prinzips in der Kunst. Unser Gegensatz ist aber der des i n n e r e n Gegensatzes, welcher allein dasteht und jede Hilfe (heute Störung und Überflüssigkeit) anderer harmonisierender Prinzipien ausschließt!

Merkwürdig, daß gerade diese Zusammenstellung von Rot und Blau dermaßen bei den Primitiven beliebt war (bei den alten Deutschen, Italienern usw.), daß sie sich bis heute in den Überbleibseln dieser Zeit (z. B. der volkstümlichen Form der Herrgottschnitzerei) erhalten hat[29]. Sehr oft sieht man in solchen Werken der Malerei und farbigen Plastik die Mutter Gottes im roten Hemd mit einem übergeworfenen blauen Überkleid; es scheint, als ob die Künstler die h i m m l i s c h e Gnade bezeichnen wollten, die auf den i r d i s c h e n Menschen gesandt wurde und das M e n s c h l i c h e durch das G ö t t l i c h e verdeckte. Logisch fließt aus der Bezeichnung unserer Harmonie, daß gerade „heute" die innere Notwendigkeit ein unendlich großes Arsenal der Ausdrucksmöglichkeiten braucht.

„Erlaubte", „unerlaubte" Zusammenstellungen, der Zusammenstoß der verschiedenen Farben, das Übertönen einer durch die andere, vieler durch eine, das Herausklingen einer aus der anderen, das Präzisieren des farbigen Fleckes, das Auflösen ein- und vielseitiger, das Zurückhalten des fließenden Farbenfleckes durch zeichnerische Grenze, das Übersprudeln dieses Fleckes über diese Grenze, das Ineinander-fließen, das scharfe Abtrennen usw. usw. eröffnen eine sich in unerreichbare Fernen verlierende Reihe der reinmalerischen (= farbigen) Möglichkeiten.

Die Abwendung vom Gegenständlichen und einer der ersten Schritte in das Reich des Abstrakten war in zeichnerisch-malerischer Beziehung das Ausschließen der dritten Dimension, d. h. das Streben, das „Bild" als Malerei auf einer Fläche zu behalten. Es wurde die „Modellierung" ausgeschaltet. Dadurch wurde der reale Gegenstand zum abstrakteren gerückt, was einen gewissen Fortschritt bedeutete. Dieser Fortschritt hatte aber sofort zur Folge das Annageln der Möglichkeiten an eine reale Fläche der Leinwand, wodurch die Malerei einen neuen durchaus materiellen Beiklang gewann. Dieses Annageln war gleichzeitig eine Beschränkung der Möglichkeiten.

Das Streben, sich von diesem Materiellen und dieser Beschränkung zu befreien, vereint mit dem Streben zum Kompositionellen, mußte natürlich zum Verzicht auf e i n e Fläche bringen. Es wurde versucht, das Bild auf eine ideelle Fläche zu bringen, die sich dadurch vor der materiellen Fläche der Leinwand bilden mußte[30]. So entstand aus der Komposition mit flachen Dreiecken eine Komposition mit plastisch gewordenen, dreidimensionalen Dreiecken, d. h. mit Pyramiden (der sogenannte „Kubismus"). Es entstand aber auch hier sehr bald die Inertionsbewegung, die gerade auf diese Form sich konzentrierte und so wieder zur Verarmung an Möglichkeiten führte. Das ist das unvermeidliche Resultat der äußerlichen Anwendung eines aus innerer Notwendigkeit entsprungenen Prinzips.

Gerade in diesem Falle von ausschließlich großer Wichtigkeit soll man nicht vergessen, daß es auch andere Mittel gibt, die materielle Fläche zubehalten, eine ideelle Fläche zu bilden und die letztere nicht nur als eine flache Fläche zu fixieren, sondern sie als dreidimensionalen Raum auszunützen. Schon die Dünne oder die Dicke einer Linie, weiter das Stellen der Form auf der Fläche, das Überschneiden einer Form durch die andere sind als Beispiele für die zeichnerische Ausdehnung des Raumes genügend. Ähnliche Möglichkeiten bietet die Farbe, die, richtig angewendet, vor- oder zurücktreten und vor- oder zurückstreben kann und das Bild zu einem in der Luft schwebenden Wesen machen kann, was der malerischen Ausdehnung des Raumes gleichbedeutend ist.

Das Vereinen der beiden Ausdehnungen im Mit- oder Widerklang ist eines der reichsten und gewaltigsten Elemente der zeichnerisch-malerischen Komposition.

---

[1] P. Signac o. c.—Siehe auch den interessanten Artikel von K. S c h e ffle r—„Notizen über die Farbe" (Dekorative Kunst, Febr. 1901).

[2] Sehr ähnliches Resultat, wie bei dem weiterfolgenden Beispiel mit B a u m, in welchem aber das materielle Element der Vorstellung einen größeren Raum einnimmt.

[3] Eine bedeutungsvolle Rolle spielt dabei auch die Richtung, in welcher z. B. das Dreieck steht, also die Bewegung. Dies ist von großer Wichtigkeit für die Malerei.

[4] Wenn eine Form gleichgültig wirkt und, wie man es nennt, „nichts sagt", so ist dieses nicht buchstäblich zu verstehen. Es gibt keine Form, wie überhaupt nichts in der Welt, was nichts sagt. Dieses Sagen gelangt aber oft zu unserer Seele nicht, und zwar dann, wenn das Gesagte an und für sich gleichgültig ist oder, richtiger bezeichnet, nicht an der richtigen Stelle angebracht wurde.

[5] Diese Bezeichnung „ausdrucksvoll" ist richtig zu verstehen: manchmal ist die Form dann ausdrucksvoll, wenn sie gedämpft ist. Die Form bringt manchmal gerade dann das Nötige am ausdrucksvollsten, wenn sie nicht bis zur letzten Grenze geht, sondern nur ein Wink ist, nur die Richtung zum äußeren Ausdruck zeigt.

[6] Das wesentliche des „Idealisierens" lag im Bestreben, die organische Form zu verschönern, ideal zu machen, wobei leicht das Schematische entstand und das innere Klingen des Persönlichen verstumpfte. Das „Stilisieren", mehr aus dem impressionistischen Grunde emporwachsend, hatte als ersten

Zweck nicht die „Verschönerung" der organischen Form, sondern ihr starkes Charakterisieren durch das Auslassen der zufälligen Einzelheiten. Deswegen war das hier entstehende Klingen ganz persönlichen Charakters, aber mit überwiegend sprechendem Äußeren. Die kommende Behandlung und Veränderung der organischen Form hat zum Ziel das Bloßlegen des i n n e r e n Klanges. Die organische Form dient hier nicht mehr zum direkten Objekt, sondern ist nur ein Element der göttlichen Sprache, die Menschliches braucht, da sie durch Menschen an Menschen gerichtet ist.

[7] Die große Komposition kann selbstverständlich aus kleineren in sich geschlossenen Kompositionen bestehen, die äußerlich sogar feindlich einander gegenüberstehen, aber doch der großen Komposition (und gerade in diesem Falle durch das Feindliche) dienen. Diese kleineren Kompositionen bestehen aus einzelnen Formen auch verschiedener innerer Färbung.

[8] Starkes Beispiel dafür—die badenden Frauen von Cézanne, Komposition im Dreieck. (Das mystische Dreieck!) Solches Aufbauen in geometrischer Form ist ein altes Prinzip, welches zuletzt verlassen wurde, da es in steife akademische Formeln ausartete, die keinen inneren Sinn, keine Seele, mehr hatten. Die Anwendung dieses Prinzips durch Cézanne gab demselben eine neue Seele, wobei das Reinmalerisch-Kompositionelle besonders stark betont wurde. Das Dreieck in diesem wichtigen Falle ist kein Hilfsmittel für Harmonisierung der Gruppe, sondern das laut gebrachte künstlerische Ziel. Hier ist die geometrische Form zur selben Zeit Mittel zur Komposition in der Malerei: der Schwerpunkt ruht auf rein künstlerischem Streben bei starkem Mitklingen des Abstrakten. Deswegen verändert Cézanne mit vollem Recht die menschlichen Proportionen: nicht nur die ganze Figur muß zur Spitze des Dreiecks streben, sondern auch einzelne Körperteile werden immer stärker von unten nach oben wie durch inneren Sturm in die Höhe getrieben, werden immer leichter und dehnen sich sichtlich aus.

[9] Was man Bewegung nennt; z. B. ein Dreieck einfach nach oben gerichtet klingt ruhiger, unbeweglicher, stabiler, als dasselbe Dreieck schief auf die Fläche gestellt.

[10] Der große, vielseitige Meister Leonardo da Vinci ersann

ein System oder eine Skala von Löffelchen, mit welchen verschiedene Farben zu nehmen waren. Es sollte dadurch ein mechanisches Harmonisieren erreicht werden. Einer seiner Schüler quälte sich mit der Anwendung dieses Hilfsmittels, und durch Mißerfolge verzweifelt, wendete er sich an seinen Kollegen mit der Frage, wie der Meister selbst mit den Löffelchen umgehe. „Der Meister wendet sie nie an", antwortete ihm der Kollege. (Mereschkowski: „Leonardo da Vinci", deutsche Übersetzung von A. Eliasberg im Verlage R. Piper & Co., München.)

[11] Der Begriff „Äußeres" soll hier nicht mit dem Begriff „Materie" verwechselt werden. Den ersten Begriff brauche ich nur als einen Ersatz für „äußere Notwendigkeit", welche nie über die Grenzen des anerkannten und also nur traditionellen „Schönen" führen kann. Die „innere Notwendigkeit" kennt diese Grenzen nicht und schafft dadurch oft Dinge, die man gewöhnt ist, als „häßlich" zu bezeichnen. „Häßlich" ist also nur ein Gewohnheitsbegriff, welcher als äußeres Resultat einer der früher gewirkt habenden und schon verkörperten inneren Notwendigkeiten noch lange ein Scheinleben weiter führt. Als häßlich wurde in dieser vergangenen Zeit alles gestempelt, was damals in keinem Zusammenhang mit der inneren Notwendigkeit stand. Was aber im Zusammenhang mit ihr war, wurde als schön definiert. Und dieses letzte mit Recht,—alles, was die innere Notwendigkeit hervorruft, ist schon dadurch schön. Und wird auch als solches früher oder später unvermeidlich anerkannt.

[12] Alle diese Behauptungen sind Resultate empirisch-seelischer Empfindung und sind auf keiner positiven Wissenschaft basiert.

[13] So wirkt z. B. der gelbe bayerische Briefkasten, wenn er seine ursprüngliche Farbe nicht verloren hat. Es ist interessant, daß die Zitrone gelb ist (scharfe Säure), der Kanarienvogel gelb ist (scharfes Singen). Hier ist eine besondere Intensität des farbigen Tones vorhanden.

[14] Das Korrespondieren der farbigen und musikalischen Töne ist selbstverständlich nur relativ. Ebenso wie eine Geige sehr verschiedene Töne entwickeln kann, die verschiedenen Farben entsprechen können, so ist es z. B. auch bei dem Gelb, welches in verschiedenen Nuancen durch verschiedene

Instrumente ausgedrückt werden kann. Man denkt sich bei solchen hier stehenden Parallelismen hauptsächlich den mittelklingenden reinen farbigen Ton und in der Musik den mittleren Ton ohne Variierung desselben durch Vibrieren, Dämpfer etc.

[15] ... les nymbes ... sont dorés pour l'empereur et les prophètes (also für Menschen) et b l e u de ciel pour les personnages symboliques (also für nur geistig existierende Wesen). (Kondakoff, N. Histoire de l'art bysantin consid. princip. dans les miniatures. Paris 1886—1891. Vol. II, p. 38, 2.)

[16] Nicht wie Grün—welches, wie wir später sehen werden, irdische, selbstzufriedene Ruhe ist—sondern feierliche, überirdische Vertiefung. Dies ist buchstäblich zu verstehen: auf dem Wege zu diesem „über" liegt das „irdische", welches nicht zu vermeiden ist. Alle Qualen, Fragen, Widersprüche des Irdischen müssen erlebt werden. Keiner hat sich ihnen entzogen. Auch hier ist innere Notwendigkeit, die durch das Äußere verdeckt wird. Die Erkenntnis dieser Notwendigkeit ist die Quelle der „Ruhe". Da uns aber d i e s e Ruhe am entferntesten liegt, so können wir uns auch im Farbenreiche dem Überwiegen des Blau innerlich schwer nähern.

[17] Auch anders als violett, wie dieses weiter unten bezeichnet wird.

[18] So wirkt auch das ideale, viel gepriesene Gleichgewicht. Wie gut Christus auch das gesagt hat: „Du bist weder kalt noch warm...."

[19] Van Gogh stellt in seinen Briefen die Frage, ob er nicht eine weiße Mauer direkt weiß malen könnte. Diese Frage, die für einen Nichtnaturalisten keine Schwierigkeiten bieten kann, da er Farbe als inneren Klang braucht, erscheint einem impressionistisch-naturalistischen Maler als ein kühnes Attentat auf die Natur. Diese Frage muß dem letzteren Maler ebenso revolutionär vorkommen, wie seinerzeit revolutionär und verrückt die Änderung der braunen Schatten in blaue schien (das beliebte Beispiel vom „grünen Himmel und blauen Gras"). Wie im letzteren Falle der Übergang vom Akademismus und Realismus zum Impressionismus und Naturalismus zu erkennen ist, so ist in der Frage van Goghs der Kern der „Übersetzung der Natur" zu bemerken, d. h. der

Neigung, die Natur nicht als äußerliche Erscheinung darzustellen, sondern überwiegend das Element der inneren Impression, die kürzlich Expression genannt wurde, kundzugeben.

[20] Das Zinnoberrot z. B. klingt auf Weiß matt und schmutzig, auf Schwarz bekommt es eine grelle, reine verblüffende Kraft. Hellgelb wird schwach, zerfließend auf Weiß; auf Schwarz wirkt es so stark, daß es sich direkt vom Hintergrunde befreit, in der Luft schwebt und ins Auge springt.

[21] Grau—Unbeweglichkeit und R u h e. Dieses ahnte schon Delacroix, welcher Ruhe durch Mischung von Grün und Rot erzielen wollte (Signac o. c).

[22] Warm und kalt kann freilich jede Farbe sein, aber nirgend findet man diesen Oegensatz so groß wie beim Rot. Eine Fülle von inneren Möglichkeiten!

[23] Reine, freudige, oft nacheinander folgende Töne kleiner Glocken (auch Pferdeschellen) werden im Russischen als „himbeerfarbenes Klingen" bezeichnet. Die Farbe des Himbeersaftes liegt nahe dem eben beschriebenen hell und kalt Rot.

[24] Unter Künstlern antwortet man manchmal scherzweise auf die Frage nach dem Befinden: „ganz Violett", was nichts Erfreuliches bedeutet.

[25] Das Violett hat auch eine Neigung, zum Lila überzugehen. Und wann endet dies und fängt das andere an?

[26] Äußerlich ist auf dieser Wiederholung die Wirkung der Reklame basiert.

[27] Es gibt Perioden der Selbstmorde, der feindlichen Kriegsgefühle etc. Krieg und Revolution (letztere in kleinerer Dosis als der Krieg) sind Produkte solcher Atmosphäre, welche durch sie weiter verpestet wird. Mit dem Maß, mit dem du mißt, wird auch dir gemessen werden!

[28] Solche Zeiten kennt die Geschichte auch. War eine größere da, als das Christentum, welches die Schwächsten in den geistigen Kampf mitriß? Auch im Kriege und der Revolution gibt es Agenzien, die zu dieser Gattung gehören und die ebenso die Pestluft entdichten.

[29] Mit vielen koloristischen Entschuldigungen brachte in

seinen früheren Bildern diese Zusammenstellung wahrscheinlich als einer der ersten noch „gestern" Frank Brangwin.

[30] Siehe z. B. den Artikel von L e F a u c o n n i e r in dem Katalog der II. Ausstellung der Neuen Künstlervereinigung München (1910—11).

VII.

THEORIE

Aus der Charakteristik unserer heutigen Harmonie folgt
von selbst, daß es zu unserer Zeit weniger als je möglich ist,

eine vollkommen fertige Theorie zu bauen[1], einen konstruierten malerischen Generalbaß zu schaffen. Solche Versuche würden in der Praxis zum selben Resultat führen, welches z. B. die schon erwähnten Löffelchen Leonardo da Vincis gebracht haben. Aber zu behaupten, daß es in der Malerei nie feste Regeln, an Generalbaß erinnernde Prinzipien geben wird, oder daß dieselben stets nur zu Akademismus führen werden, wäre doch übereilt. Auch die Musik kennt ihre Grammatik, die aber wie alles Lebende sich in großen Perioden verändert, die andererseits gleichzeitig, als Hilfe, als eine Art. Wörterbuch immer erfolgreiche Anwendung fand.

Unsere Malerei ist aber wieder heute in einem anderen Zustand; ihre E m a n z i p a t i o n von der direkten Abhängigkeit von der „Natur" ist im allerersten Anfange. Wenn bis jetzt die Farbe und Form als innere Agentien verwendet wurden, so war es hauptsächlich unbewußt. Das Unterordnen der Komposition einer geometrischen Form wurde schon in alter Kunst angewandt (z. B. bei den Persern). Das Bauen aber auf der rein geistigen Basis ist eine lange Arbeit, die erst ziemlich blind und aufs Geratewohl beginnt. Dabei ist es nötig, daß der Maler außer seinen Augen auch seine Seele kultiviert, damit sie auch fähig wird, die Farbe auf ihrer Wage zu wiegen und nicht nur beim Empfangen der äußeren Eindrücke (auch freilich hie und da der inneren), sondern als bestimmende Kraft beim Entstehen ihrer Werke tätig ist.

Wenn wir schon heute anfangen würden, ganz das Band, das uns mit der Natur verknüpft, zu vernichten, mit Gewalt auf die Befreiung loszusteuern und uns ausschließlich mit der Kombination von reiner Farbe und unabhängiger Form zu begnügen, so würden wir Werke schaffen, die wie eine geometrische Ornamentik aussehen, die, grob gesagt, einer Krawatte, einem Teppich gleichen würden. Die Schönheit der Farbe und der Form ist (trotz der Behauptung der reinen Ästheten oder auch der Naturalisten, die hauptsächlich auf „Schönheit" zielen) kein genügendes Ziel in der Kunst. Wir sind eben infolge unseres elementaren Zustandes in der Malerei sehr wenig fähig, von ganz emanzipierter Farben-, Formenkomposition schon heute ein inneres Erlebnis zu erhalten. Die Nervenvibration wird freilich vorhanden sein (wie etwa vor kunstgewerblichen Werken), sie bleibt aber hauptsächlich im Bereiche der Nerven stecken, weil sie zu schwache Gemütsvibrationen, Erschütterungen der Seele hervorrufen wird. Wenn wir aber bedenken, daß die geistige Wendung ein direkt stürmisches Tempo angeschlagen hat, daß auch die „festeste" Basis des menschlichen Geisteslebens, d. h. die positive Wissenschaft, mitgerissen wird und vor der Tür der Auflösung der Materie steht, so kann behauptet werden, daß nur noch wenige „Stunden" uns von dieser reinen Komposition trennen.

Auch die Ornamentik ist freilich kein ganz lebloses Wesen. Sie hat ihr inneres Leben, welches uns entweder nicht mehr verständlich ist (alte Ornamentik), oder nur ein alogischer Wirrwarr ist, eine Welt, wo sozusagen erwachsene Menschen und Embryos gleich behandelt werden und gesellschaftlich gleiche Rollen spielen, wo Wesen mit abgerissenen Körperteilen auf ein Brett mit selbständig lebenden Nasen, Zehen und Nabeln gestellt werden. Es ist der Wirrwarr eines Kaleidoskopes[2], wo der materielle Zufall und nicht der Geist der Urheber ist. Und trotz dieser Unverständlichkeit oder Unfähigkeit, überhaupt verständlich zu werden, wirkt auf uns die Ornamentik doch, wenn auch zufällig und planlos[3]: ein orientalisches Ornament ist auch innerlich ganz anders als ein schwedisches, negerisches, altgriechisches usw. Nicht ohne Grund ist es z. B. allgemein gebräuchlich, Musterstoffe als

lustig, ernst, traurig, lebhaft usw. zu bezeichnen, d. h. mit
denselben Adjektiven, welche von den Musikern stets
gebraucht werden (Allegro, Serioso, Grave, Vivace etc.), um
den Vortrag des Stückes zu bestimmen. Es ist zum großen
Teile möglich, daß das Ornament auch einst aus der Natur
entstand (auch die modernen Kunstgewerbler suchen ihre
Motive in Feldern und Wäldern). Aber wenn wir auch
annehmen würden, daß keine andere Quelle als äußere
Natur gebraucht war, so wurden doch im guten Ornament
andererseits die Naturformen und Farben nicht rein
äußerlich behandelt, sondern vielmehr als Symbole, die
schließlich beinahe hieroglyphisch angewendet wurden.
Und gerade deswegen wurden sie allmählich
unverständlich, und wir können nicht mehr ihren inneren
Wert entziffern. Ein chinesischer Drache z. B., welcher in
seiner ornamentalen Form doch sehr viel präzis Körperliches
beibehalten hat, wirkt auf uns so wenig, daß wir ihn ruhig
in Eß- und Schlafzimmern vertragen können und nicht
stärker als einen Tischläufer mit gestickten Gänseblümchen
empfinden.

Es wird sich vielleicht zum Schlüsse unserer jetzt dämmernden Periode wieder eine neue Ornamentik entwickeln, die aber kaum aus geometrischen Formen bestehen wird. Heute aber, an der Stelle, an der wir angelangt sind, würde ein Versuch, diese Ornamente mit Gewalt zu schaffen, dem Versuch gleichen, eine kaum angedeutete Knospe durch Gewalt der Finger zur Blume öffnen zu wollen.

Wir Sind heutzutage noch fest an die äußere Natur gebunden und müssen unsere F o r m e n aus ihr schöpfen. Die ganze Frage ist nun die: wie dürfen wir das machen? d. h. wie weit darf unsere Freiheit gehen, diese Formen zu ändern und mit welchen Farben dürfen sie verbunden werden?

Diese Freiheit darf so weit gehen, so weit das Gefühl des Künstlers reichen kann. Von diesem Standpunkte aus ist zugleich zu sehen, wie unendlich groß die Notwendigkeit der Pflege dieses Gefühls ist.

Einige Beispiele werden das zweite Glied der Frage ziemlich ausreichend beantworten.

Die stets erregende, isoliert betrachtete, warme rote Farbe wird ihren inneren Wert wesentlich verändern, wenn sie nicht mehr isoliert ist und als abstrakter Laut bleibt, sondern zum Element eines Wesens verwendet wird, indem sie mit einer naturellen Form verbunden wird. Dieses Summieren des Rot mit verschiedenen naturellen Formen wird auch verschiedene innere Wirkungen verursachen, die aber durch die ständige sonst isolierte Wirkung des Rot verwandt klingen werden. Verbinden wir dieses Rot mit Himmel, Blume, Kleid, Gesicht, Pferd, Baum. Ein roter Himmel bringt uns auf die Assoziation mit

Sonnenuntergang, Brand und dergleichen. Es ist also eine „natürliche" (diesmal feierliche, drohende) Wirkung, die dabei entsteht. Nun hängt freilich sehr viel davon ab, wie die anderen Gegenstände, die mit dem roten Himmel kombiniert werden, behandelt werden. Wenn sie in eine kausale Verbindung gestellt werden, und auch mit für sie möglichen Farben verbunden werden, so klingt das Naturelle im Himmel noch stärker. Wenn aber die anderen Gegenstände sehr von der Natur entrückt sind, so können sie dadurch den „natürlichen" Eindruck des Himmels abschwächen, eventuell sogar vernichten. Ziemlich ähnlich wird die Verbindung des Rot mit einem Gesicht ausfallen, wo das Rot als Gemütserregung der gemalten Figur wirken kann, oder durch eine spezielle Beleuchtung erklärt wird, wobei derartige Wirkungen nur durch große Abstraktion der anderen Teile des Bildes zerstört werden können.

Rot im Kleid ist dagegen ein ganz anderer Fall, da das Kleid von jeder beliebigen Farbe sein kann. So ein Rot wird am liebsten eventuell als „malerische" Notwendigkeit wirken können, da das Rot hier allein ohne eine direkte Assoziation mit materiellen Zielen behandelt werden kann. Aber es entsteht doch eine gegenseitige Wirkung von diesem Rot im Kleid auf die mit diesem Rot bekleidete Figur und umgekehrt. Wenn z. B. die ganze Note des Bildes eine traurige ist und diese Note besonders in der in Rot gekleideten Figur konzentriert ist (durch die Stellung der Figur in der ganzen Komposition, durch ihre eigene Bewegung, durch Gesichtszüge, Haltung des Kopfes, Farbe des Gesichtes usw.), so wird dieses Rot im Kleid als Gemütsdissonanz ganz besonders stark die Traurigkeit des Bildes und besonders dieser Hauptfigur betonen. Unbedingt würde hier eine andere Farbe, die selbst traurig wirkte, den Eindruck schwächen durch Verminderung des dramatischen Elementes[4]. Also wieder das schon erwähnte Prinzip des

Gegensatzes. Das dramatische Element entsteht hier nur durch Einschließen des Rot in die gesamte traurige Komposition, da das Rot, wenn es ganz isoliert ist (also auch auf die ruhige Spiegelfläche der Seele fällt), bei gewöhnlichen Zuständen nicht traurig wirken kann[5].

Wieder anders wird es stehen, wenn dasselbe Rot an einem Baum verwendet wird. Der Grundton des Rot bleibt, wie in allen erwähnten Fällen. Dazu wird sich aber der seelische Wert des Herbstes anschließen (da das Wort „Herbst" allein eine seelische Einheit ist, wie es auch jeder reale, abstrakte, unkörperliche, körperliche Begriff ist). Die Farbe verbindet sich vollständig mit dem Gegenstand und bildet ein isoliert wirkendes Element ohne den dramatischen Beiklang, welchen ich bei Anwendung des Rot am Kleide eben erwähnt habe.

Ein ganz anderer Fall endlich ist ein rotes Pferd. Schon der Klang dieser Worte versetzt uns in eine andere Atmosphäre. Die naturelle Unmöglichkeit eines roten Pferdes verlangt unbedingt ein ebenso unnaturelles Milieu, in welches dieses Pferd gestellt wird. Andernfalls kann die Gesamtwirkung entweder als Kuriosität wirken (also nur oberflächliche und ganz unkünstlerische Wirkung), oder als ein ungeschickt aufgefaßtes Märchen[6] (also als begründete Kuriosität mit unkünstlerischer Wirkung). Eine gewöhnliche, naturalistische Landschaft, modellierte, anatomisch gezeichnete Figuren würden mit diesem Pferd einen solchen Mißklang bilden, welchem kein Gefühl folgen würde und was in Eins zu verbinden es keine Möglichkeit geben würde. Wie dieses „Eins" zu verstehen ist, und wie es sein kann, zeigt die Definierung der heutigen Harmonie. Daraus ist zu schließen, daß es möglich ist, das ganze Bild zu spalten, in Widersprüche zu tauchen, durch alle Art äußere Flächen zu führen, auf alle Art äußeren Flächen zu bauen, wobei aber die i n n e r e F l ä c h e immer dieselbe bleibt. Die Elemente der Konstruktion des Bildes sind eben jetzt nicht auf diesem Äußern, sondern nur auf der i n n e r e n N o t w en d ig k e i t zu suchen.

Der Zuschauer ist auch zu sehr gewöhnt, in solchen Fällen einen „Sinn", d. h. einen äußerlichen Zusammenhang der Teile des Bildes, zu suchen. Wieder hat dieselbe materialistische Periode im ganzen Leben und also auch in der Kunst einen Zuschauer ausgebildet, welcher sich dem Bilde nicht einfach gegenüberstellen kann (besonders ein „Kunstkenner") und im Bilde alles mögliche sucht (Naturnachahmung, Natur durch das Temperament des Künstlers—also dieses Temperament, direkte Stimmung, „Malerei", Anatomie, Perspektive, äußerliche Stimmung usw. usw.), nur sucht er nicht, das innere Leben des Bildes selbst zu fühlen, das B i l d auf sich direkt wirken zu lassen. Durch die äußeren Mittel geblendet, sucht sein geistiges Auge nicht, w a s durch diese Mittel lebt. Wenn wir ein interessantes Gespräch mit einem Menschen führen, so suchen wir uns in seine Seele zu vertiefen, suchen die innere Gestalt, seine Gedanken und Gefühle und denken nicht daran, daß er sich Worte zu Hilfe nimmt, die aus Buchstaben bestehen, daß die Buchstaben nichts wie zweckmäßige Laute sind, die zur Entstehung das Einziehen der Luft in die Lunge brauchen (anatomischer Teil), durch Ausstoßen der Luft aus der Lunge und spezielle Stellung der Zunge, Lippen usw. eine Luftvibration verursachen (physikalischer Teil), die weiter durch das Trommelfell usw. zu unserem Bewußtsein gelangen (psychologischer Teil), die eine Nervenwirkung erzielen (physiologischer Teil) usw. ins Unendliche. Wir wissen, daß alle diese Teile bei unserer Unterhaltung sehr nebensächlich sind, rein zufällig, als momentan notwendige äußere Mittel gebraucht werden müssen und daß das W e s e n t l i c h e i m G e s p r ä c h die Mitteilung der Ideen und Gefühle ist. Ebenso sollte man sich zum Kunstwerk stellen und sich die direkte abstrakte Wirkung des Werkes dadurch verschaffen. Dann wird mit der Zeit die Möglichkeit sich entwickeln, durch reine künstlerische Mittel zu sprechen, dann wird es überflüssig werden, Formen aus der äußerlichen Welt zum innerlichen Sprechen zu leihen, die uns heute die Gelegenheit geben, Form und Farbe verwendend, dieselben im innern Werte zu vermindern oder zu steigern. Der Gegensatz (wie das rote Gewand in der traurigen Komposition) kann unbegrenzt gewaltig sein, muß aber auf einer und derselben moralischen Fläche bleiben.

Wenn aber diese Fläche auch vorhanden ist, so wird damit die Farbenfrage in unserm Beispiel nicht ganz gelöst. Die „unnatürlichen" Gegenstände und die dazu stimmenden Farben können leicht einen literarischen Klang bekommen, indem die Komposition als ein Märchen wirkt. Dies letzte Resultat versetzt den Zuschauer in eine Atmosphäre, welche er, da sie märchenhaft ist, ruhig gelten läßt, und wo er dann 1. die Fabel sucht, 2. unempfindlich oder wenig empfindlich gegen die reine Farbenwirkung bleibt. Jedenfalls ist in diesem Falle die direkte, reine innere Wirkung der Farbe nicht mehr möglich: das Äußerliche hat leicht über das Innerliche Übergewicht. Und der Mensch im allgemeinen geht nicht gerne in große Tiefen, er bleibt gerne an der Oberfläche, da dieselbe weniger Anstrengung verlangt. Es gibt zwar „nichts tieferes als Oberflächlichkeit", aber diese Tiefe ist die des Sumpfes. Gibt es andererseits eine Kunst, die leichter genommen wird als die „plastische"? Jedenfalls sobald sich der Zuschauer im Märchenlande glaubt, ist er sofort gegen starke seelische Vibrationen immun. Und so wird das Ziel des Werkes zu Nichts. Deswegen muß eine Form gefunden werden, die erstens die Märchenwirkung[7] ausschließt und zweitens die reine Farbenwirkung in keiner Weise hemmt. Zu diesem Zweck müssen Form, Bewegung,

Farbe, die aus der Natur (realen oder nicht realen) geliehenen Gegenstände keine äußerliche und äußerlich verbundene erzählerische Wirkung hervorrufen. Und je äußerlich unmotivierter z. B. die Bewegung ist, desto reiner, tiefer und innerlicher wirkt sie.

Eine sehr einfache Bewegung, von welcher das Ziel unbekannt ist, wirkt schon an und für sich als eine bedeutende, geheimnisvolle, feierliche. Und das, solange man das äußerliche, praktische Ziel der Bewegung nicht kennt. Dann wirkt sie als reiner Klang. Eine einfache gemeinsame Arbeit (z. B. die Vorbereitung zur Hebung eines großen Gewichtes) wirkt, wenn das Ziel unbekannt ist, so bedeutungsvoll, so geheimnisvoll, so dramatisch und packend, daß man unwillkürlich stehen bleibt, wie vor einer Vision, wie vor einem Leben auf anderer Fläche, bis plötzlich der Zauber fort ist, die praktische Erklärung wie ein Schlag kommt und das rätselhafte Vorgehen und den Grund desselben bloßlegt. In der einfachen Bewegung, die äußerlich nicht motiviert ist, liegt ein unermeßlicher Schatz voller Möglichkeiten. Solche Fälle kommen besonders dann leicht vor, wenn man in abstrakte Gedanken vertieft hinwandert. Diese Gedanken reißen den Menschen aus dem alltäglichen, praktischen, zweckmäßigen Treiben. Deswegen wird das Beobachten solcher einfacher Bewegungen außerhalb des praktischen Kreises möglich. Sobald man sich aber erinnert, daß in unseren Straßen nichts Rätselhaftes vorkommen darf, so fällt im selben Augenblicke das Interesse für die Bewegung aus: der praktische Sinn der Bewegung löscht den abstrakten Sinn derselben aus. Auf diesem Prinzip sollte und wird der „neue Tanz" gebaut werden, der das einzige Mittel ist, die g a n z e Bedeutung, den ganzen inneren Sinn der Bewegung in Z e i t   u n d   R a u m auszunützen. Der

Ursprung des Tanzes ist scheinbar rein sexueller Natur. Jedenfalls sehen wir noch heute dieses ursprüngliche Element im Volkstanze entblößt liegen. Die später entstandene Notwendigkeit, den Tanz als Mittel zum Gottesdienst zu gebrauchen (Mittel zur Inspiration), bleibt sozusagen auf der Fläche der angewandten Ausnützung der Bewegung. Allmählich bekamen diese beiden praktischen Verwendungen eine künstlerische Färbung, die sich durch Jahrhunderte entwickelte und mit der Sprache der Ballettbewegungen endete. Diese Sprache ist heute nur wenigen verständlich und verliert immer an Klarheit. Außerdem ist sie für die kommende Zeit viel zu naiver Natur: sie diente eben nur dem Ausdrucke der materiellen Gefühle (Liebe, Angst usw.) und muß durch eine andere ersetzt werden, die imstande ist, feinere seelische Vibrationen zu verursachen. Aus diesem Grunde haben die Tanzreformatoren unserer Zeit ihren Blick zu vergangenen Formen gewendet, wo sie auch noch heute Hilfe suchen. So entstand das Band, welches Isadora Duncan zwischen dem griechischen Tanz und dem kommenden anknüpfte. Dieses ist also aus demselben Grunde geschehen, aus welchem die Maler bei den Primitiven Hilfe suchten. Natürlich ist es auch im Tanz (ebenso wie in der Malerei) nur ein Übergangsstadium. Wir stehen vor der Notwendigkeit der Bildung des neuen Tanzes, des Tanzes der Zukunft. Dasselbe Gesetz der unbedingten Ausnützung des i n n e r e n Sinnes der Bewegung, als des Hauptelementes des Tanzes, wird auch hier wirken und zum Ziele bringen. Auch hier muß und wird die konventionelle „Schönheit" der Bewegung über Bord geworfen und der „natürliche" Vorgang (Erzählung = literarisches Element) als unnötig und schließlich störend erklärt. Ebenso wie in der Musik oder in der Malerei kein „häßlicher Klang" und keine äußere „Dissonanz" existiert, d. h. ebenso wie in diesen beiden Künsten jeder Klang und Zusammenklang schön (=

zweckmäßig) ist, wenn er aus der inneren Notwendigkeit stammt, so wird bald auch im Tanze der innere Wert j e d e r Bewegung gefühlt und es wird die innere Schönheit die äußere ersetzen. Den „unschönen" Bewegungen, die jetzt plötzlich schön werden, entströmen sofort eine ungeahnte Gewalt und lebendige Kraft. Von diesem Augenblick an beginnt der Tanz der Zukunft.

Kandinsky. Improvisation Nr. 18

Dieser Tanz der Zukunft, welcher also auf die Höhe der heutigen Musik und Malerei gestellt wird, wird in demselben Augenblick die Fähigkeit bekommen, als das dritte Element, die B ü h n e n k o m p o s i t i o n zu verwirklichen, welche das erste Werk der M o n u m e n t a l e n K u n s t sein wird.

Die Bühnenkomposition wird zunächst aus diesen drei Elementen bestehen:

1. musikalische Bewegung,

2. malerische Bewegung,

3. tanzkünstlerische Bewegung.

Nach dem oben von der reinmalerischen Komposition Gesagten wird jeder verstehen, was ich unter der dreifachen Wirkung der inneren Bewegung (= Bühnenkomposition) verstehe.

Ebenso wie die zwei Hauptelemente der Malerei (zeichnerische und malerische Form) jedes ein selbständiges Leben führen, durch eigene und nur ihnen allein eigene Mittel sprechen, ebenso wie aus der Kombinierung dieser Elemente und ihrer sämtlichen Eigenschaften und Möglichkeiten die Komposition in der Malerei entsteht, geradeso wird die Komposition auf der Bühne unter Mit- (= Gegen-) Wirkung der obengenannten drei Bewegungen möglich werden.

Der obenerwähnte Versuch Skrjabins (die Wirkung des musikalischen Tones durch die Wirkung des entsprechenden farbigen Tones zu erhöhen) ist natürlich nur ein sehr elementarer Versuch, welcher nur e i n e Möglichkeit ist. Außer dem Mitklange zweier oder schließlich der drei Elemente der Bühnenkomposition kann noch folgendes verwendet werden: der Gegenklang, abwechselnde Wirkung der einzelnen, Verwendung der vollkommenen Selbständigkeit (natürlich äußeren) jedes der einzelnen Elemente usw. Gerade dieses letzte Mittel hat Arnold Schönberg in seinen Quartetten schon angewendet. Und hier sieht man, wie stark der i n n e r e Zusammenklang an Kraft und Bedeutung gewinnt, wenn der ä u ß e r e Zusammenklang in diesem Sinne gebraucht wird. Man denkt sich nun die glückerfüllende neue Welt der drei

116

mächtigen Elemente, die einem schöpferischen Ziele dienen werden. Ich bin hier gezwungen, auf das weitere Entwickeln dieses bedeutungsvollen Themas zu verzichten. Der Leser soll nur das für die Malerei gegebene Prinzip auch in diesem Falle korrespondierend verwenden und auch vor seinem geistigen Auge wird sich von selbst der glückvolle Traum der Zukunftsbühne stellen. Auf den verwickelten Wegen dieses neuen Reiches, welche durch schwarze Urwälder, über unermeßliche Klüfte auf eisige Höhen, an schwindelnden Abgründen als ein endloses Netz vor dem Pionier liegen, wird ihn mit unfehlbarer Hand immer derselbe Führer lenken—das P r i n z i p d e r i n n e r e n N o t w e n d i g k e i t.

Aus den oben geprüften Beispielen der Anwendung einer Farbe, aus der Notwendigkeit und Bedeutung der Anwendung „natureller" Formen in Verbindung mit Farbe als Klang geht hervor 1. wo der Weg zur Malerei liegt und 2. w i e i m a l l g e m e i n e n Prinzip dieser Weg zu betreten ist. Dieser Weg liegt zwischen zwei Gebieten (die heute zwei Gefahren sind): rechts liegt das vollständig abstrakte, ganz emanzipierte Anwenden der Farbe in „geometrischer" Form (Ornamentik), links das mehr reale, zu stark von äußeren Formen gelähmte Gebrauchen der Farbe in „körperlicher" Form (Phantastik). Und zur selben Zeit schon (und, womöglich nur heute) ist die Möglichkeit vorhanden, bis zur rechts liegenden Grenze zu schreiten und sie zu überschreiten, und ebenso bis zur linksliegenden und darüber hinaus. Hinter diesen Grenzen (hier verlasse ich meinen Weg des Schematisierens) liegt rechts: die r e i n e A b s t r a k t i o n (d. h. größere Abstraktion als die der geometrischen Form) und links r e i n e R e a l i s t i k (d. h. höhere Phantastik—Phantastik in härtester Materie). Und zwischen denselben—grenzenlose Freiheit, Tiefe, Breite, Reichtum der Möglichkeiten und hinter ihnen liegende Gebiete der reinen: Abstraktion und Realistik—a l l e s ist heute, durch den heutigen Moment, dem Künstler zu Diensten gestellt. Heute ist der Tag einer Freiheit, die nur zur Zeit einer keimenden großen Epoche denkbar ist[8]. Und im selben Augenblick ist diese selbe Freiheit eine der größten Unfreiheiten, da alle diese Möglichkeiten zwischen, in und hinter den Grenzen aus einer und derselben Wurzel wachsen: aus dem kategorischen Rufen der I n n e r e n N o t w e n d i g k e i t.

Daß die Kunst über der Natur steht, ist keine irgendwie neue Entdeckung[9]. Neue Prinzipien fallen auch nie vom Himmel, stehen hingegen im kausalen Zusammenhang mit der Vergangenheit und der Zukunft. Nur ist uns wichtig, in welcher Lage heute dieses Prinzip liegt und wohin wir mit Hilfe desselben morgen gelangen können. Und dieses Prinzip, das muß wieder und wieder betont werden, muß nie mit Gewalt angewendet werden. Wenn aber der Künstler seine Seele nach dieser Stimmgabel stimmt, so werden schon von selbst seine Werke in diesem Ton klingen. Und speziell die heute fortschreitende „Emanzipation" wächst auf dem Boden der inneren Notwendigkeit, die, wie schon bezeichnet wurde, die geistige Kraft des Objektiven in der Kunst ist. *Das b j e k t i v e d e r K u n s t sucht sich heute mit einer besonders starken Spannung zu offenbaren. Es werden also die zeitlichen Formen gelockert, damit das Objektive klarer zum Ausdruck kommen kann. Die naturellen Formen stellen Grenzen, die in vielen Fällen diesem Ausdruck im Wege liegen. So werden sie zur Seite geschoben und die freie Stelle wird für das O b j e k t i v e d e r F o r m gebraucht— Konstruktion zum Zweck der Komposition. Dadurch erklärt sich der schon heute klar daliegende Drang, die konstruktiven Formen der Epoche zu entdecken. Als eine der Übergangsformen zeigt z. B. der Kubismus, wie oft die naturellen Formen den konstruktiven Zwecken gewaltsam unterordnet werden müssen und welche unnötigen Hindernisse diese Formen in solchen Fällen bilden.

Jedenfalls wird heute im allgemeinen eine entblößte Konstruktion angewendet, welche scheinbar die einzige Möglichkeit ist, dem Objektiven in der Form Ausdruck zu verleihen. Wenn wir aber daran denken, wie die heutige Harmonie in diesem Buch definiert wurde, so können wir auch auf dem Gebiete der Konstruktion den Geist der Zeit erkennen: nicht eine klar daliegende, oft in die Augen springende („geometrische") Konstruktion, die an Möglichkeiten reichste bzw. die ausdrucksvollste zu sein, sondern die versteckte, die aus dem Bilde unbemerkt herauskommt und also weniger für das Auge als für die Seele bestimmt ist.

Diese v e r s t e c k t e K o n s t r u k t i o n kann aus scheinbar zufällig auf die Leinwand geworfenen Formen bestehen, die wieder scheinbar in keinem Zusammenhang zueinander stehen: die äußere Abwesenheit dieses Zusammenhanges ist hier seine innere Anwesenheit. Das äußerlich Gelockerte ist hier das innerlich Zusammengeschmolzene. Und dieses bleibt inbezug auf beide Elemente gleich: in der zeichnerischen und in der malerischen Form.

Und gerade hier liegt die Zukunft der Harmonielehre der Malerei. Die „irgendwie" zueinander stehenden Formen haben doch im letzten Grunde eine große und präzise Beziehung zueinander. Und schließlich läßt sich auch diese Beziehung in einer mathematischen Form ausdrücken, nur wird hier vielleicht mehr mit unregelmäßigen als mit regelmäßigen Zahlen operiert.

A l s l e t z t e r a b s t r a k t e r A u s d r u c k bleibt in j e d e r K u n s t die Z a h l.

Es ist selbstverständlich, daß dieses objektive Element andererseits die Vernunft, das Bewußte (objektive Kenntnisse—malerischer Generalbaß) als eine notwendige mitwirkende Kraft unbedingt verlangt. Und dieses Objektive wird dem heutigen Werk auch in der Zukunft die Möglichkeit geben, statt „ich war"—„ich bin" zu sagen.

———

[1] Solche Versuche wurden gemacht. Dazu trägt viel bei der Parallelismus mit der Musik, z. B. „Tendances Nouvelles", Nr. 35: Henri R o v e l—Les lois d'harmonie de la peinture et de la musique sont les mêmes (P. 721).

[2] Dieser Wirrwarr ist natürlich auch ein präzises Leben, aber einer anderen Sphäre.

[3] Die eben beschriebene Welt ist doch eine Welt mit dem ihr unbedingt eigenen inneren Klang, welcher im G r u n d e, im Prinzip notwendig ist und Möglichkeiten bietet.

[4] Es muß hier wieder ausdrücklich betont werden, daß alle solche Fälle, Beispiele etc. nur als schematisierte Werte anzusehen sind. Alles dies ist konventionell und kann durch die große Wirkung der Komposition und ebenso leicht durch einen Strich geändert werden. Die Möglichkeiten ziehen sich in unendliche Reihen.

[5] Immer muß unterstrichen werden, daß die Ausdrücke, wie „traurig, freudig" usw., sehr grober Natur sind und nur als Wegweiser zu den feinen, unkörperlichen Gemütsvibrationen dienen können.

[6] Wenn das Märchen nicht i m g a n z e n „übersetzt" ist, so hat es zur Folge ein Resultat, ähnlich dem der kinematographischen Märchenbilder.

[7] Dieser Kampf mit der Märchenluft ist dem Kampfe mit der Natur gleich. Wie leicht und oft ganz gegen den Willen des Farbenkomponisten „die Natur" sich von selbst in seine Werke eindrängt! Es ist leichter, die Natur zu malen, als mit ihr zu kämpfen!

[8] Ober diese Frage siehe meinen Artikel „Über die Formfrage" im Blauen Reiter (Verlag R. Piper & Co., 1912). Von dem Werk Henri Rousseaus ausgehend, beweise ich hier,

daß die kommende Realistik in unserer Periode nicht nur gleichwertig mit der Abstraktion ist, sondern ihr identisch.

[9] Besonders die Literatur drückte längst dies Prinzip aus. Z. B. sagt Goethe: „Der Künstler steht mit freiem Geiste über der Natur und kann sie seinen höheren Zwecken gemäß traktieren ... er ist ihr Herr und Sklave zugleich. Er ist ihr Sklave, insofern er mit irdischen Mitteln wirken muß, um verstanden zu werden. (NB!) Ihr Herr aber, insofern er diese irdischen Mittel seinen höheren Intentionen unterwirft und ihnen dienstbar macht. Der Künstler will zur Welt durch ein Ganzes sprechen: Dieses Ganze findet er aber nicht in der Natur, sondern es ist die Frucht seines eigenen Geistes oder, wenn man will, des Anwehens eines befruchtenden göttlichen Odems." (Karl Heinemann, Goethe, 1899, S. 684.) Zu unserer Zeit O. W i l d e: „Kunst fängt an da, wo die Natur aufhört" (De Profundis). Auch in der Malerei finden wir oft solche Gedanken. Delacroix sagte z. B., die Natur wäre für den Künstler nur ein Wörterbuch. Und: „den Realismus sollte man den Antipoden der Kunst definieren" („Mein Tagebuch", S. 246. Bruno Cassirer Verlag. Berlin 1903).

VIII.

KUNSTWERK UND KÜNSTLER

Auf eine geheimnisvolle, rätselhafte, mystische Weise entsteht das wahre Kunstwerk „aus dem Künstler". Von ihm losgelöst bekommt es ein selbständiges Leben, wird zur Persönlichkeit, zu einem selbständigen, geistig atmenden Subjekt, welches auch ein materiell reales Leben führt, welches ein W e s e n ist. Es ist also nicht eine gleichgültig und zufällig entstandene Erscheinung, die auch gleichgültig in dem geistigen Leben weilt, sondern, wie jedes Wesen besitzt es weiterschaffende, aktive Kräfte. Es lebt, wirkt und ist an der Schöpfung der besprochenen geistigen Atmosphäre tätig. Aus diesem innerlichen Standpunkte ist auch ausschließlich die Frage zu beantworten, ob das Werk gut oder schlecht ist. Wenn es „schlecht" in der Form ist oder zu schwach, so ist diese Form schlecht oder zu schwach, um in jeder Art rein klingende Seelenvibrationen hervorzurufen[1]. Ebenso ist in Wirklichkeit nicht d a s Bild „gut gemalt", welches richtig in Werten (die unvermeidlichen Valeurs der Franzosen) ist oder irgendwie beinahe wissenschaftlich in Kalt und Warm geteilt ist, sondern das Bild ist gut gemalt, welches innerlich v o l l lebt. Die „g u t e Z e i c h n u n g" i s t a u c h n u r d i e, a n w e l c h e r n i c h t s g e ä n d e r t w e r d e n k a n n, o h n e d a ß d i e s e s i n n e r l i c h e L e b e n z e r s t ö r t w i r d, ohne jede Rücksicht darauf, ob diese Zeichnung der Anatomie, Botanik oder sonst einer Wissenschaft widerspricht. Hier besteht die Frage nicht darin, ob eine äußerliche (also auch nur immer zufällige) Form verletzt wird, sondern nur darin, ob der Künstler diese Form, wie sie äußerlich existiert, braucht oder nicht. E b e n s o m ü s s e n F a r b e n a n g e w e n d e t w e r d e n, n i c h ț weil sie in der Natur in diesem Klang existieren oder nicht, sondern w e i l s i e i n d i e s e m K l a n g i m B i l d e n o t w e n d i g s i n d o d e r n i c h t. Kurz gesagt, d e r K ü n s t l e r i s t n i c h t n u r b e r e c h t i g t, s o n d e r n verpflichtet, mit den Formen so umzugehen, wie es für seine Zwecke **notwendig** ist. Und weder Anatomie oder dergleichen, noch das prinzipielle Umwerfen dieser Wissenschaften ist notwendig, sondern volle unbeschränkte Freiheit des Künstlers in der Wahl seiner Mittel[2]. Diese Notwendigkeit ist das Recht auf unbeschränkte Freiheit, die sofort zum Verbrechen wird, wenn sie nicht auf derselben beruht. Künstlerisch ist das Recht darauf die besprochene innere moralische Fläche. Im ganzen Leben (also auch in der Kunst)—reines Ziel.

Und speziell: ein zweckloses Befolgen der wissenschaftlichen Tatsachen ist nie so schädlich, wie ein zweckloses Umwerfen derselben. Im ersten Fall entsteht eine Naturnachahmung (materielle), welche für verschiedene spezielle Zwecke verwendet werden kann[3]. Im zweiten—ein künstlerischer Betrug, welcher als Sünde eine lange Kette von üblen Folgen bildet. Der erste Fall läßt die moralische Atmosphäre leer. Er versteinert sie. Der zweite vergiftet und verpestet sie.

Die Malerei ist eine Kunst und die Kunst im ganzen ist nicht ein zweckloses Schaffen der Dinge, die im Leeren zerfließen, sondern eine Macht, die zweckvoll ist, und muß der Entwicklung und Verfeinerung der menschlichen Seele dienen—der Bewegung des Dreiecks. Sie ist die Sprache, die in nur ihr eigener Form von Dingen zur Seele redet, die für die Seele das tägliche Brot sind, welches sie nur in dieser Form bekommen kann.

Wenn die Kunst sich dieser Aufgabe entzieht, so muß die Lücke offen bleiben, da es keine andere Macht gibt, die die Kunst ersetzen kann[4]. Und immer zu der Zeit, wo die menschliche Seele stärkeres Leben führt, wird auch die Kunst lebendiger, da Seele und Kunst in einer Verbindung von wechselseitiger Wirkung und Vervollkommnung stehen. Und in den Perioden, in welchen die Seele durch materialistische Anschauungen, Unglauben und daraus fließende rein praktische Bestrebungen betäubt und vernachlässigt wird, entsteht die Ansicht, daß die „reine" Kunst nicht für spezielle Zwecke dem Menschen gegeben ist, sondern zwecklos, daß Kunst nur für Kunst existiert (l'art pour l'art)[5]. Hier wird das Band zwischen Kunst und Seele halb anästhesiert. Das rächt sich aber bald, da der Künstler und der Zuschauer (welche mit Hilfe der' Seelensprache miteinander reden) sich nicht mehr verstehen, und der letztere wendet dem ersteren den Rücken oder sieht ihn an wie einen Gaukler, dessen äußere Geschicklichkeit und Erfindungskraft bewundert werden.

In erster Linie soll dann der Künstler die Lage zu ändern versuchen, dadurch, daß er seine Pflicht d e r   K u n s t und also auch s i c h   g e g e n ü b e r anerkennt und sich nicht als Herr der Lage betrachtet, sondern als Diener höherer Zwecke, dessen Pflichten präzis, groß und heilig sind. Er muß sich e r z i e h e n und vertiefen in die eigene Seele, diese eigene Seele vorerst pflegen und entwickeln, damit sein äußeres Talent etwas zu bekleiden hat und nicht, wie der verlorene Handschuh von einer unbekannten Hand, ein leerer zweckloser Schein einer Hand ist.

D e r   K ü n s t l e r   m u ß   e t w a s   z u   s a g e n   h a b e n , d a   n i c h t   d i e   B e h e r r s c h u n g   d e r   F o r m   s e i n e A u f g a b e   i s t ,   s o n d e r n   d a s   A n p a s s e n   d i e s e r F o r m   d e m   I n h a l t[6].

Der Künstler ist kein Sonntagskind des Lebens: Er hat kein Recht, pflichtlos zu leben, er hat eine schwere Arbeit zu verrichten, die oft zu seinem Kreuz wird. Er muß wissen, daß jede seiner Taten, Gefühle, Gedanken das feine unbetastbare, aber feste Material bilden, woraus seine Werke entstehen, und daß er deswegen im Leben nicht frei ist, sondern nur in der Kunst.

Und daraus geht von selbst hervor, daß der Künstler dreifach verantwortlich ist, im Vergleich zum Nichtkünstler: 1. muß er sein ihm gegebenes Talent wieder erstatten, 2. bilden seine Taten, Gedanken, Gefühle, wie die jedes Menschen, die geistige Atmosphäre, so daß sie die geistige Luft verklären oder verpesten und 3. sind diese Taten, Gedanken, Gefühle das Material zu seinen Schöpfungen, welche noch einmal wieder an der geistigen Atmosphäre tätig sind. Er ist nicht nur „König", wie ihn Sar Peladan nennt, in dem Sinne, daß er die große Macht hat, sondern auch in dem Sinne, daß auch seine Pflicht groß ist.

Wenn der Künstler Priester des „Schönen" ist, so ist auch dieses Schöne durch dasselbe Prinzip des i n n e r e n W e r t e s zu suchen, welchen wir überall gefunden haben. Dieses „Schöne" ist nur durch den Maßstab der i n n e r e n G r ö ß e und N o t w e n d i g k e i t zu messen, welche uns bis jetzt überall und durchweg richtige Dienste geleistet hat.

D a s   i s t   s c h ö n ,   w a s   e i n e r   i n n e r e n
s e e l i s c h e n   N o t w e n d i g k e i t   e n t s p r i n g t .   D a s
i s t   s c h ö n ,   w a s   i n n e r l i c h   s c h ö n   i s t[7].

Einer der ersten Vorkämpfer, einer der ersten seelischen Komponisten in der Kunst von heute, der die Kunst von morgen entspringen wird, Maeterlink, sagt:

„Es gibt nichts auf Erden, das nach Schönheit begieriger wäre und sich leichter verschönt, als eine Seele.... Darum widerstehen auch sehr wenige Seelen auf Erden der Herrschaft einer Seele, die sich der Schönheit hingibt"[8].

Und diese Eigenschaft der Seele ist das Öl, durch das die langsame, kaum sichtbare, zeitweise äußerlich stockende, aber fortwährende, ununterbrechbare Bewegung des geistigen Dreiecks nach vor- und aufwärts möglich ist.

━━

[1] Die z. B. sogenannten „unmoralischen" Werke sind entweder überhaupt unfähig, eine Seelenvibration hervorzurufen (dann sind sie nach unserer Definierung unkünstlerisch), oder sie verursachen auch eine Seelenvibration, indem sie eine in irgendeiner Beziehung richtige Form besitzen. Dann sind sie „gut„. Wenn sie aber, von dieser seelischen Vibration abgesehen, auch rein körperliche Vibration niederer Gattung, (wie es zu unserer Zeit genannt wird) erzeugen, so dürfte man daraus nicht den Schluß ziehen, daß das Werk, aber nicht die auf dies Werk durch niedrige Vibrationen reagierende Persönlichkeit zu verachten ist.

[2] Diese unbeschränkte Freiheit muß auf dem Grunde der inneren Notwendigkeit (die man Ehrlichkeit nennt) basiert sein. Und dieses Prinzip ist nicht nur das der Kunst, sondern das des Lebens. Dieses Prinzip ist das größte Schwert des wirklichen Übermenschen gegen das Philistertum.

[3] Es ist klar, daß diese Naturnachahmung, wenn sie von der Hand eines Künstlers stammt, welcher seelisch lebt, nie eine ganz tote Wiedergabe der Natur bleibt. Auch in dieser Form kann die Seele sprechen und gehört werden. Als Gegenbeispiel können z. B. Landschaften Canalettos dienen zu den traurig berühmten Köpfen von Denner (Alte Pinakothek in München).

[4] Diese Lücke kann auch leicht durch Gift und Pest ausgefüllt werden.

[5] Diese Ansicht ist eins der wenigen idealen Agentien zu solchen Zeiten. Es ist ein unbewußter Protest gegen den Materialismus, welcher alles praktisch zweckmäßig haben will. Und das beweist wieder, wie stark und unverwüstlich die Kunst ist und die Kraft der menschlichen Seele, die lebendig ist und ewig, die betäubt, aber nicht getötet werden kann.

[6] Es ist doch sicher klar, daß hier die Rede von der Erziehung der Seele ist und nicht von einer Notwendigkeit, gewaltsam in jedes Werk einen bewußten Inhalt hinein zu pressen oder diesen erdachten Inhalt gewaltsam künstlerisch zu bekleiden! In diesen Fällen würde nichts als leblose Kopfarbeit entstehen. Es wurde auch schon oben gesagt: Geheimnisvoll entsteht das wahre Kunstwerk. Nein, wenn die Künstlerseele lebt, so braucht man sie durch Kopfgedanken

126

und Theorien nicht zu unterstützen. Sie findet selbst etwas zu sagen, was dem Künstler selbst im Augenblick ganz unklar bleiben kann. Die i n n e r e S t i m m e d e r S e e l e sagt ihm auch, welche Form er braucht und von wo sie zu holen, ist (äußere oder innere „Natur"). Jeder Künstler, welcher nach dem sogenannten Gefühl arbeitet, weiß, wie plötzlich und für ihn unerwartet die von ihm ersonnene Form ihm widrig erscheint, wie „wie von selbst" sich eine andere, richtige an die Stelle der ersteren, verworfenen stellt. Böcklin sagte, daß ein richtiges Kunstwerk wie eine große Improvisation sein muß, d. h. Überlegung, Aufbauen, vorherige Komposition sollen nichts als Vorstufen sein, auf welchem das Ziel erreicht wird, welches dem Künstler selbst unerwartet erscheinen kann. So soll auch die Verwendung des kommenden Kontrapunktes verstanden werden.

[7] Unter diesem Schönen wird selbstredend nicht die äußere oder sogar innere im allgemeinen Verkehr angenommene Moral verstanden, sondern a l l e s das, was auch in der ganz untastbaren Form die Seele verfeinert und bereichert. Deshalb ist, z. B., in der Malerei jede Farbe innerlich schön, da jede Farbe eine Seelenvibration verursacht und jede Vibration bereichert die Seele. Und deshalb endlich kann alles innerlich schön sein, was äußerlich „häßlich" ist. So ist es in der Kunst, so ist es im Leben. Und deshalb ist nichts „häßlich" im inneren Resultat, d. h. in der Wirkung auf die Seele der anderen.

[8] Von der inneren Schönheit. (K. Robert Langewiesche Verlag. Düsseldorf und Leipzig. S. 187.)

SCHLUSSWORT

Die beigefügten sechs Reproduktionen sind Beispiele der konstruktiven Bestrebungen in der Malerei.

Die Formen dieser Bestrebungen zerfallen in zwei Hauptgruppen:

1. die einfache Komposition, die einer klar zum Vorschein kommenden einfachen Form untergeordnet ist. Diese Komposition nenne ich die m e l o d i s c h e;

2. die komplizierte Komposition, die aus mehreren Formen besteht, die weiter einer klaren oder verschleierten Hauptform untergeordnet sind. Diese Hauptform kann äußerlich sehr schwer zu finden sein, wodurch die innere Basis einen besonders starken Klang bekommt. Diese komplizierte Komposition nenne ich die s y m p h o n i s c h e.

Zwischen diesen zwei Hauptgruppen liegen verschiedene Übergangsformen, in welchen das melodische Prinzip unbedingt vorhanden ist.

Der ganze Entwicklungsvorgang ist auffallend dem in der Musik ähnlich. Abweichungen in diesen beiden Vorgängen sind Resultate eines anderen mitspielenden Gesetzes, welches aber schließlich immer bis jetzt dem ersten Entwicklungsgesetz unterlag. So sind diese Abweichungen hier nicht maßgebend.

Wenn man in der m e l o d i s c h e n K o m p o s i t i o n das Gegenständliche entfernt und dadurch die im Grunde liegende malerische Form entblößt, so findet man primitive geometrische Formen oder die Aufstellung einfacher Linien, die einer allgemeinen Bewegung dienen. Diese allgemeine Bewegung wiederholt sich in einzelnen Teilen und wird manchmal durch einzelne Linien oder Formen variiert. Diese einzelnen Linien oder Formen dienen in diesem letzten Falle verschiedenen Zwecken. Sie bilden z. B. eine Art Abschluß, welchem ich den musikalischen Namen „fermata" gebe[1]. Alle diese konstruktiven Formen haben einen einfachen inneren Klang, welchen auch jede Melodie hat. Deswegen nenne ich sie die melodischen. Durch Cézanne und später Hodler zum neuen Leben geweckt, bekamen diese melodischen Kompositionen zu unserer Zeit die Bezeichnung der r h y t h m i s c h e n. Das war der Kern der Wiedergeburt der kompositioneilen Ziele. Daß die Beschränkung 'des Begriffes „rhythmisch" auf ausschließlich diese Fälle zu eng ist, ist auf den ersten Blick klar. Ebenso wie in der Musik j e d e Konstruktion einen eigenen Rhythmus besitzt, ebenso wie in der ganz „zufälligen" Verteilung der Dinge in der Natur auch j e d e s m a l ein Rhythmus vorliegt, so auch in der Malerei. Nur ist in der Natur dieser Rhythmus uns manchmal nicht klar, da uns seine Ziele (in manchen und gerade wichtigen Fällen) nicht klar sind. Diese unklare Zusammenstellung wird deshalb arhythmisch genannt. Diese Teilung in das Rhythmische und Arhythmische ist also vollkommen relativ und konventionell. (Geradeso wie die Teilung der Konsonanz von der Dissonanz, die im Grunde nicht existiert.)[2].

◄►

Kandinsky. Komposition Nr. 2

Kompliziertere „rhythmische" Komposition mit einer starken Andeutung des symphonischen Prinzips sind viele Bilder, Holzschnitte, Miniaturen usw. der vergangenen Kunstepochen. Man erinnere sich nur der alten deutschen Meister, der Perser, Japaner, der russischen Ikonen und besonders der Volksblätter usw. usw.[3]

In beinahe allen diesen Werken ist die symphonische Komposition noch sehr stark an die melodische gebunden. D. h. wenn man das Gegenständliche entfernt und dadurch das Kompositionelle entschleiert, so kommt eine Komposition zum Vorschein, die aus dem Gefühle der Ruhe, der ruhigen Wiederholung, der ziemlich gleichmäßigen Verteilung gebaut ist[4]. Unwillkürlich kommen alte Chorkompositionen, Mozart und schließlich Beethoven in Erinnerung. Das alles sind Werke, die mehr oder weniger mit der erhabenen, ruhe- und würdevollen Architektur eines gotischen Domes verwandt sind: Gleichgewicht und

130

gleichmäßige Verteilung der einzelnen Teile ist die Stimmgabel und die geistige Basis solcher Konstruktionen. Solche Werke gehören zu der Übergangsform.

Als Beispiele der neuen symphonischen Kompositionen, in welchen das melodische Element nur manchmal und als einer der untergeordneten Teile Anwendung findet, dabei aber eine neue Gestaltung bekommt, habe ich drei Reproduktionen nach meinen Bildern beigegeben.

Diese Reproduktionen sind Beispiele drei verschiedener Ursprungsquellen:

1. direkter Eindruck von der „äußeren Natur", welcher in einer zeichnerisch-malerischen Form zum Ausdruck kommt. Diese Bilder nenne ich „I m p r e s s i o n e n";

2. hauptsächlich unbewußte, größtenteils plötzlich entstandene Ausdrücke der Vorgänge inneren Charakters, also Eindrücke von der „inneren Natur". Diese Art nenne ich „I m p r o v i s a t i o n e n"

3. auf ähnliche Art (aber ganz besonders langsam) sich in mir bildende Ausdrücke, welche lange und beinahe pedantisch nach den ersten Entwürfen von mir geprüft und ausgearbeitet werden. Diese Art Bilder nenne ich „K o m p o s i t i o n". Hier spielt die Vernunft, das Bewußte, das Absichtliche, das Zweckmäßige eine überwiegende Rolle. Nur wird dabei nicht der Berechnung, sondern stets dem Gefühl recht gegeben.

Welche unbewußte oder bewußte Konstruktion aller drei Arten meiner Bilder zugrunde liegt, wird wohl dem geduldigen Leser dieses Buches klar sein.

Zum Schluß möchte ich bemerken, daß meiner Ansicht nach wir der Zeit des bewußten, vernünftigen Kompositionellen immer näher rücken, daß der Maler bald stolz sein wird, seine Werke k o n s t r u k t i v erklären zu können (im

Gegensatz zu den reinen Impressionisten, die darauf stolz waren, daß sie nichts erklären konnten), daß wir schon jetzt die Zeit des zweckmäßigen Schaffens vor uns haben und endlich, daß dieser Geist in der Malerei im organischen direkten Zusammenhang mit dem schon begonnenen Neubau des neuen geistigen Reiches steht, da dieser Geist die Seele ist der E p o c h e d e s g r o ß e n G e i s t i g e n.

[1] Siehe z. B. das Mosaik in Ravenna, welches in der Hauptgruppe ein Dreieck bildet. Zu diesem Dreieck neigen sich immer weniger bemerklich die übrigen Figuren. Der ausgestreckte Arm und der Türvorhang bilden die fermata.

[2] Als Beispiel dieser klar daliegenden melodischen Konstruktion mit offenem Rhythmus ist in diesem Buch das Bild von Cézanne „Die Badenden" gebracht.

[3] Melodische Kompositionen mit symphonischen Anklängen sind viele Bilder Hodlers.

[4] Hier spielt eine große Rolle die Tradition. Und ganz besonders in der volkstümlich gewordenen Kunst. Solche Werke entstehen hauptsächlich zur Blütezeit einer Kulturkunstperiode (oder greifen in die nächste ein). Die ausgebildete offene Blüte verbreitet die Atmosphäre der inneren Ruhe. Zu Keimungszeiten sind zu viel kämpfende, zusammenstoßende, hemmende Elemente da, als daß die Ruhe eine sichtlich überwiegende Note bilden könnte. Im letzten Grunde ist natürlich jedes ernste Werk doch ruhig. Diese letzte Ruhe (Erhabenheit) ist nur für den Zeitgenossen nicht leicht zu finden. Jedes ernste Werk klingt innerlich so, wie die ruhig und erhaben gesagten Worte: „ich bin da". Liebe oder Haß dem Werke gegenüber verduften, lösen sich auf. Der Klang dieser Worte ist ewig.

www.ingramcontent.com/pod-product-compliance
Lightning Source LLC
Chambersburg PA
CBHW030614270326
41927CB00007B/1178

* 9 7 8 3 3 3 7 3 5 9 4 7 8 *